情调苏州工作室出品

中国·苏州
古吴轩出版社

HARMONY CITY

希望是无声的蜘蛛
擅长在心里结网
当你迈开第一步时
属于我们的故事就此开始

岁月从来不会偷懒
过去现在一并深爱
湖

花

水无声莲无声
波心荡冷月无声
绿相城水相城
杨柳岸花漾相城

梦里水乡
永远是儿时的模样

家

渔

傍晚时分
夕阳将湖面染得耀眼
渔船满载着笑声缓缓归来
笑声中满是收获的喜悦

相城档案

姓名： 相城

名字“梗”： 春秋时期，伍子胥筑阖闾城，曾在阳澄湖畔“相土尝水，象天法地”“相其地，欲筑城于斯”

个性签名： 相土尝水地，枢纽中心城

下辖： 4个镇（渭塘、阳澄湖、黄埭、望亭），7个街道（元和、北桥、太平、黄桥、北河泾、漕湖、澄阳），1个国家级经济技术开发区，1个省级高新区，1个高铁新城和1个省级旅游度假区。

生日： 2001年2月

坐标： 地处长江三角洲经济圈腹地和苏州市域地理中心，东临上海，西濒太湖，南接古城，北依长江

面积： 489平方千米

火车站： 高铁苏州北站

轨交： 2号线、4号线、7号线（建设中）、8号线（建设中）……

星座： 水象（相城区的水域面积占全区总面积的40%以上）

方言： 吴侬软语

工作： 一产、二产、三产啥都干

大腕： 孙武、范蠡、沈周、文徵明、冯梦龙等

王牌： 阳澄湖清水大闸蟹

愿景： 生态宜居中心，科技创新中心，城市枢纽中心，未来活力中心

扫一扫，听歌曲

相恋（相城形象宣传曲）
词：许常德
曲：Kenn.Wu
演唱：胡莎莎

相城花开了 荷塘也醉了
我在等你了 唱的歌
无非让你多留片刻
相城见证了 我们相恋了
星星在闪烁 有我牵着你的手
有一种快乐 也有一种乡愁
我们好像再离不开了
星空 写在相城故事中
温暖了受困的人们
我们 走过的每条路
串过的每颗珠
虽辛苦又丰富
星空 我在相城感动中
这不仅是因为重逢
晚风仍记得每个人的笑容
难以言喻的触动
相城花开了 荷塘也醉了
我在等你了 唱的歌
无非让你多留片刻
相城见证了 我们相恋了
星星在闪烁 有我牵着你的手
有一种快乐 也有一种乡愁
我们好像再离不开了
星空 写在相城故事中
温暖了受困的人们
我们 走过的每条路
串过的每颗珠
虽辛苦又丰富
星空 我在相城感动中
这不仅是因为重逢
晚风仍记得每个人的笑容
难以言喻的触动
星空 写在相城故事中
温暖了受困的人们
我们 走过的每条路
串过的每颗珠
虽辛苦又丰富
星空 我在相城感动中
这不仅是因为重逢
晚风仍记得每个人的笑容
难以言喻的触动

相中一座城，一眼千年

西依太湖，东拥阳澄湖，这片土地自古就是富庶繁华的鱼米之乡。

漕湖在她的怀抱，春申湖偎在她胸前，那些故事至今还在奔腾不息的河水中流淌，在波涛里荡气回肠。

高铁新城热火朝天，国家级开发区春潮涌动。它们孕育着新的憧憬，新的梦想。

这个梦，已经做了 2500 多年。

相遇相城，一眼千年。2500 年前的一天，阳澄湖畔来了一队人马，为首男子须发皆白，却魁梧威严。此人是伍子胥，他奉吴王之命选址筑城，来到这里“相土尝水，象天法地”，他也因此被称为苏州的“城市之父”。时间如流水，几度夕阳红，他和吴国都已定格在历史深处，但“相城”这个名字得以保留，这片筑梦圆梦之地的务实求实精神一直延续。2500 年，她是守护姑苏古城的北大门，

是演绎苏州故事的一方舞台。

历史如同太湖里跌宕沉浮的风波，许多名字漂过又沉没。这片土地也在历史的层层堆叠中积淀成厚厚的册页，许多人来过，又在风吹雨打中退去。在好友、同事兼伯乐伍子胥被杀后，心灰意冷的孙武先是隐居穹窿山著述，后选择归隐终老相城。如今，他的墓还在元和，默默见证着这方土地的沧桑变迁。

跟“芈月”的恋情早已成为一段云淡风轻的青春往事，他也不再是那个风流倜傥的黄公子。春申君来到苏州时，已是年届七旬的老者，那是伍子胥、孙武之后200多年的事了，他的封国迁至吴地。在这里，请叫他水利工程师。因为这个名头，他被这里的百姓尊为守护神，敬奉至今。**因为这个名头，他甚至被上海人称为“上海奠基第一人”“海派文化的鼻祖”**。

春申君来到这里时，这片土地地势低洼，水灾频发，民众苦不堪言。他把全部的精力投入到了水患治理上。在低洼之处挖土围堰，筑埭修堤。他挖出的水库，叫春申湖。他围出的土地，以他的姓为名叫黄埭，这个古镇由此安居乐业两千年。他还治理河道，疏通吴淞江，解除了下游的洪涝灾害，为了纪念他，上海段被称为黄浦江、申江。

此后的这片土地开启物阜民丰、文化繁盛的新阶段。东晋顾恺之在这里留下足迹，宋代王皋在这里隐居泛舟。时间走到明代，诗书传家的沈周来到这个舞台，他不应科举，一生居家，与文徵明、唐寅等老乡唱和雅集，纵情在诗文书画当中，成为吴门画派的开创者。沈周过世 60 多年后，在离他家不远的黄埭镇，一个冯姓世家出了三兄弟，他们是冯梦桂、冯梦龙、冯梦熊，分别以书画、小说、诗文名冠文坛，并称“吴下三冯”。

他们只是这块人杰地灵之地闪耀群星中的代表。**除了人才辈出，这里还有丰富的物产，独特的技艺**。明永乐五年(1407)，陆墓（今陆慕）砖窑旁的元和塘里，装货的船只首尾相接，排成长串。窑工将烧制好的砖块码放整齐，络绎搬运上船。然后，船队转入京杭运河，一路北上抵达京城。这是为修建紫禁城运送的砖。这里的砖因为质地细腻坚硬，敲击有金石之声，被称为金砖。这里的窑因为烧制工艺高超，砖块质量上等，被永乐皇帝赐名“御窑”。此后，“陆墓御窑”一直作为官府定点烧制皇家砖瓦的主要基地。如今，其烧

制工艺已列入国家级非物质文化遗产名录。

如今，自古就为官廷定制龙袍的元和缂丝依旧传承着通经断纬的繁复匠心，晶莹璀璨的渭塘珍珠依旧诉说着西施遗泪的故事。如今，陆慕泥盆和太平船模摘取了中国民间文艺最高奖“山花奖”，阳澄渔歌唱出了国门。这些原本濒临失传的优秀传统文化，重新焕发无限生机。

时光流转，岁月静好。她有着诗人的风骨，匠人的精神。湘城老街、消泾老街、黄埭老街、陆慕老街、望亭老街、太平老街无一不在诉说着曾经的辉煌。而在日新月异的时代发展中，她从未缺席、从未止步。写字楼里，大数据碰撞出创意的火花；测试场里，智能驾驶闯出一片崭新的天地。她始终萌发着青春的活力和成长的渴望。

这是一方底蕴深厚的土地，这是一方创新创业的热土。她怀着梦想，一路走来。一手托着蒸蒸日上的产业，一手托着风雅精致的灵魂。

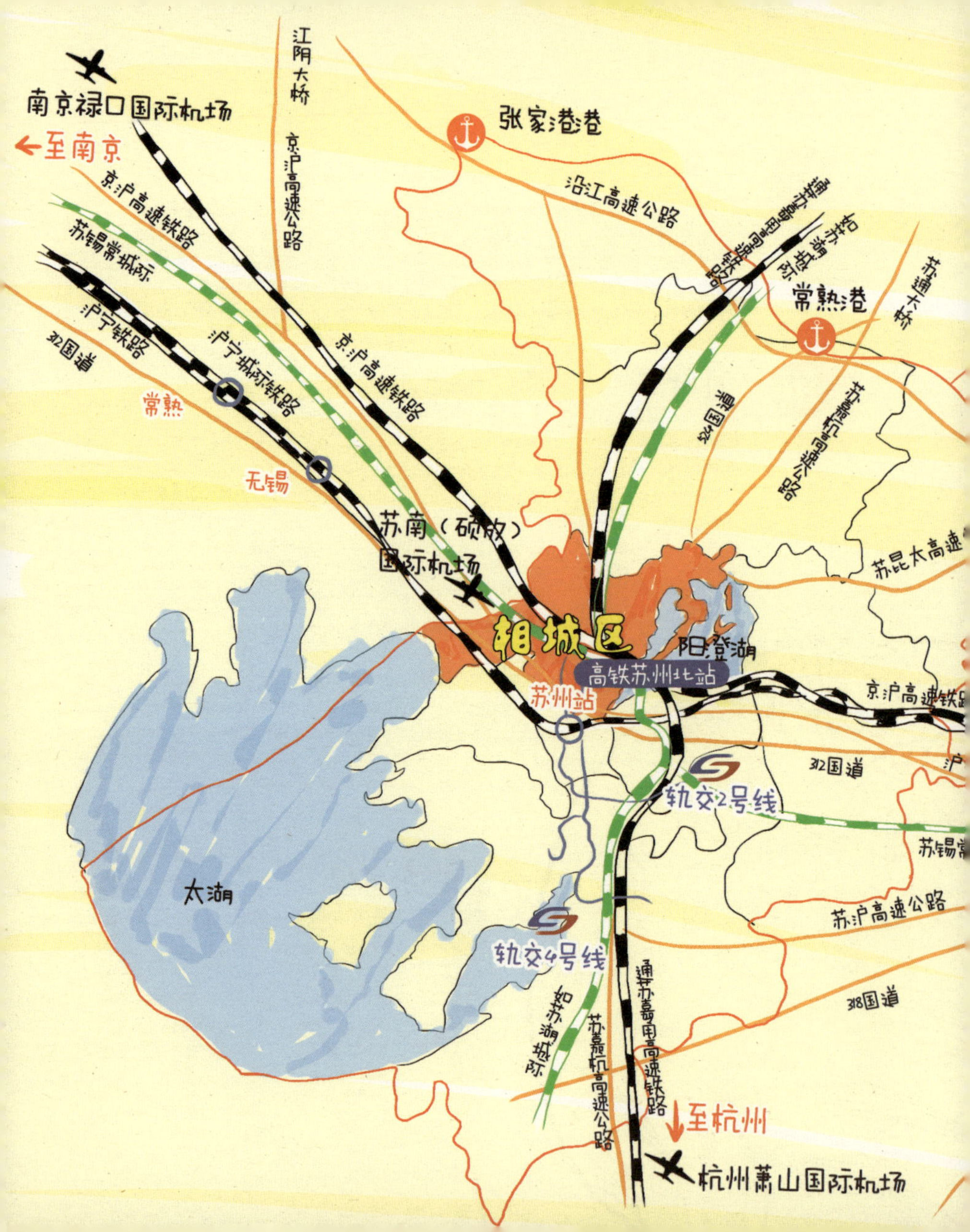
南京禄口国际机场
←至南京
江阴大桥
京沪高速公路
张家港港
沿江高速公路
京沪高速铁路
苏锡常城际
沪宁铁路
312国道
沪宁城际铁路
常熟
无锡
通苏嘉甬铁路
如苏湖城际
常熟港
苏通大桥
524国道
苏嘉杭高速公路
苏南（硕放）国际机场
苏昆太高速
相城区
阳澄湖
高铁苏州北站
苏州站
京沪高速铁路
312国道
轨交2号线
苏锡常
太湖
苏沪高速公路
轨交4号线
318国道
如苏湖城际
苏嘉杭高速公路
通苏嘉甬高速铁路
↓至杭州
杭州萧山国际机场

我在这里，你在哪里

作为长三角重要的交通枢纽，以相城为中心的1.5小时交通圈内，拥有上海虹桥、上海浦东、杭州萧山、苏南硕放、南京禄口5座国际机场。区内有高铁苏州北站，京沪高铁，即将建设的通苏嘉甬高铁、苏锡常城铁和如苏湖城铁将在此交会，形成“双十字”枢纽，并预留未来胶囊列车通道，规划建设5条地铁线经过高铁北站，直连周边国际机场。另外还有上海港、太仓港、张家港、常熟港4个优良港口以及京杭大运河提供完备的水运服务。

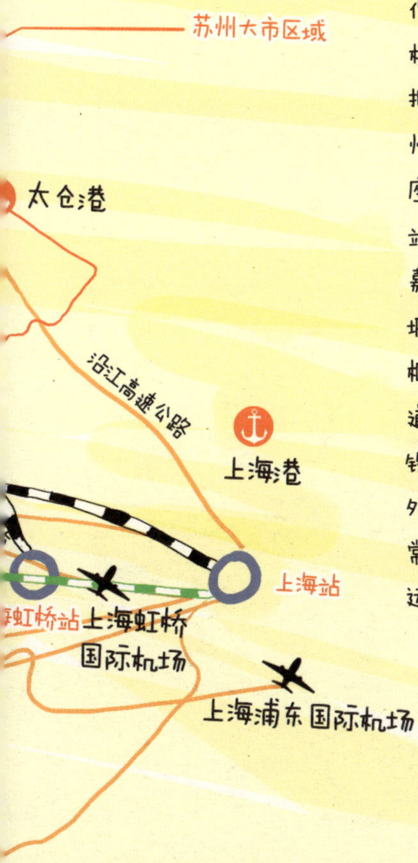

抖音扫一扫
了解更多关于相城

壹

相忆

孙武来过，
范蠡来过，
伍子胥来过。
我来过，
你来过，
昨夜的风来过。

差一点就是姑苏
多三点还是相城

相城在苏州古城北边，不远。

事实上，差一点，这里就是姑苏城。

当年伍子胥象天法地、相土尝水，建造阖闾大城的时候，相城是备选的目标地之一，而且，相当接近最终答案。据说伍子胥连造城的砖块都运过来了，结果发现这里地势相对低洼，不利于防汛，土壤质地不太适合造城。建城当然不能造完就陷下去，所以伍子胥将城址向南移了点，移至如今的姑苏区一带。

地方换了，地名留了下来。因为好歹伍子胥大人辛苦勘察过地形，这边就留下了相城这么一个名字。不过这个名字在历史上的地域并不广，大概也就是现在盛泽湖和阳澄西湖北边一片，以前很多年，叫作湘城。至于为什么加了三点水，估计还是因为在水边上，写着写着就跑偏了。

大概到了清末民初，这边才逐渐有了相城的正式区划。2001年，吴县撤并，相城区开始大展宏图，把周围一圈揽入怀中，正式把古老的名字继承下来。不过，继承归继承，“相”和“湘”

这两个字在当地混用的现象还是很多。湘城镇现在是没有了，因为相城区的湘城镇实在有点古里古怪，但其实两个字来源是一致的。

得益也得益在水上。因为阳澄湖这块水域，吃货们肯定是如雷贯耳，这点咱们也就不提了。不过阳澄湖其实也有个双胞胎名字叫洋澄湖。民国时期，就是这么叫的。上海有饭店做广告，就有“洋澄湖大闸蟹”的叫法。

所以你看，伍子胥的确是有两把刷子，姑苏城如果建在这里，估计不是水城，要改成水底世界了。

不会唱RAP的大作家不是好干部

TIPS

冯梦龙，明代著名的文学家、戏曲家，对中国通俗文学的开拓有巨大贡献。

相城近年来大力挖掘冯梦龙资源，相继建了纪念馆、故居和书院等，都是免费的，并将冯梦龙出生的村子更名为冯梦龙村。去冯梦龙故居的路上会经过一片果园，春秋有花有果，是个寓教于乐的好地方。

说起苏州文风盛，大家总会想到状元郎、唐伯虎和东林党。事实上，还有一个苏州人，他对中国文化事业的贡献完全不低于前面这些人物。今天的影视剧，动辄改编自他的 IP（知识产权），如果《著作权法》的保护期不是作者死后 50 年而是无限期，那么他很可能是我国最有钱的作家。此人正是长洲人冯梦龙。

拿他的代表作“三言”来说，脱胎于此的国内古装影视剧多得让你咋舌。比如《警世通言》里的《白娘子永镇雷峰塔》，由此改编的《新白娘子传奇》那可是影响整整几代人的神剧！由《唐解元一笑姻缘》改编的影视剧更不用说，谁不会 Rap（说唱）几句“小人本住在苏州的城边，家中有屋又有田，生活乐无边”？这里再说几个“三言”里的篇名，你可能也会想到它们对应的影视剧：《李谪仙醉草吓蛮书》《赵太祖千里送京娘》《玉堂春落难逢夫》《杜十娘怒沉百宝箱》《宿香亭张浩遇莺莺》《卖油郎独占花魁》《苏小妹三难新郎》《十五贯戏言成巧祸》……“三言”共有 120 卷，也就是有 120 个故事，120 个 IP，得催生多少影视剧啊?

更不用说他还有《东周列国志》《增补三遂平妖传》《智囊》《广笑府》等，影视剧作品需要生动的细节，《智囊》《广笑府》里面的小故事又给后世的编剧们带来了无数现成段子。今天的影视艺人有生之年不来相城给他上炷香，真没天理了。

所以，说冯梦龙撑起了今天华语影视业半壁江山，并不算夸张。难得的是，这些三四百年前的作品全无说教味、腐儒气，冯梦龙对包括儒、释、道三教在内的一切权威偶像，都以嬉笑怒骂待之。更厉害的是，他还倡导女权！推崇司马相如、卓文君式的自由结合，他认为“男女相悦为婚，此良法也”。不过，说这些，还不足以完全表达我们对冯大师的敬意，因为上述作品只是他的业余玩票创作，他在政治上还颇有作为。由阎维文主演的电影《冯梦龙传奇》于 2017 年“七一”全国公映，电影讲述冯梦龙在福建寿宁为官期间抗倭寇、灭虎患、禁溺女婴、倡导文教的经历——你看，冯梦龙不仅在作品里留下无数影视故事，他本人也成了当代影视业的 IP！

告示

『版权费』追讨名单

《新白娘子传奇》

《唐伯虎点秋香》

《杜十娘传奇》

《花魁杜十娘》

《爱情宝典之卖油郎独占花魁》

《玉堂春》

《俞伯牙摔琴谢知音》

《珍珠衫》

《金玉奴》

《秋翁遇仙记》

《十五贯》

《乔太守乱点鸳鸯谱》

《苏小妹三难新郎》

《东游记》

《东周列国志》

以上影视作品均改编自冯梦龙小说

黄公子，你的人生最终还是输了

现在的“小鲜肉”啊、“四小花旦”啊之类的明星排行，其实都是老祖宗玩剩下的。

早在战国时代，咱们就有了四大公子。而且，这四位远不是现在的演艺明星可以比较的：标配得是王公贵胄，最低也得干过小国总理，身边少说得有千把号小兄弟，可以决定一个或者几个国家的生死。

相城区就是其中一位公子——春申君的封地。

春申君叫黄歇，是四大公子中楚国的代表。黄公子和其他三位不一样，他和国君没有亲戚关系，只是好哥们儿。

当年还是一个小小辩士的黄歇在出使秦国时和自己一辈子的好哥们儿，未来的大楚考烈王看对了眼。当时楚国眼看要换老大了，黄歇一咬牙一跺脚：哥，走吧！我给你扛着！然后考烈王就跑了，黄歇像

交换人质一样留了下来。等到秦王发现准备发飙时楚王已定，抱着和楚国和平共处的原则，秦王送回了黄歇。

这种赌博一般人干不出来，但是赢了就大发了。

回国后，黄歇就成了楚国令尹。

然后在接下来的战国公子大选中，他成功入围，成为四强中唯一的非王族。

那是个讲血统的年代啊！一个不知哪里来的辩士做到这一步，没有楚王的支持绝对不可能。

好哥们儿是一辈子的。楚王始终支持春申君。

黄歇的封地一开始在淮北，后来主动献出淮北十二地而要求远封江东吴国旧墟，也就是苏州一带。史书记载是："以吴故墟为城"。所以，整个吴国的故地，成了黄歇的封地，他还找人修理了阖闾城。黄歇在这边没闲着，这哥们精于治水，他疏通开挖河道，形成了小桥流水，将苏州格局既定为四纵五横；以土掩水筑埭，因此有了黄埭。他还善于搞经营盘活市场，建了东西两大粮仓。连司马迁都说，看春申君的地盘，就知道他们国家不差钱。

唐朝时，吴地把春申君封成了城隍爷，算是彻底把这位留下来了。

要说一般人到了这里就可以了，但是黄歇还在为好哥们儿发愁。因为楚王没有孩子。

楚王无子怎么办？黄歇想得脑仁疼！最后，门下有个叫李园的出个馊主意：送个怀孕的妞去，这下大家就放心了！黄歇决定赌一把，把他府上怀着他孩子的李园的妹妹送去了！

各位，先声明这个段子是传说，很多史学家认为送美女是有的，怀孕是没有的。因为这个段子和吕不韦送赵姬几乎一样，所以大家都觉得其中有诈。

但是不管怎样，李园的妹妹李娃被送进宫了。没多久，考烈王就驾崩了！

这时候有人给黄歇洗脑子：先下手为强，你不干掉李园，人家仗着妹子一定干掉你灭口！但是黄歇觉得，这哥们是我提拔的还能咬我？

最后，黄歇悲伤地去参加考烈王葬礼，进门就给人宰了，脑袋被割下来丢了出去！

四大公子，其他三个都是好死，就春申君暴亡。

不过，一对好哥们儿前后脚死去，也算是有始有终。

TIPS

黄歇在吴地留下多处踪迹，以其姓或号为山、水、道路、学校、店铺命名的不计其数。据《黄埭志》记载："考之以土，堰水曰埭。"相传埭是春申君所筑，后人冠其姓，故曰黄埭。相城的春申湖路、春申中学，上海简称申，黄浦江旧称黄歇浦，都是告慰春申君的。还有相城大名鼎鼎的春申湖是2002年抽水取土，在滩涂荒地的基础上建成的，纪念黄歇"筑堰成埭"。

千万不要小看中年发力的人

无数文青都把张爱玲“出名要趁早”这句话奉为圭臬，如果相城老乡文徵明泉下有知，应该会轻轻摇头，附一神秘微笑。

普通家庭出身的读书人，一般来说都要去参加个八股文考试。文徵明老先生一直考，直至54岁那年，才受荐以贡生进京，做了个翰林院待诏。然而这份清闲的工作文徵明干了四年，就说外面的世界太复杂，我要回老家，背上小包包就回到了如今的苏州城北。其后的几十年，这片温润的土地把文徵明的才气彻底激发了出来。

文徵明书法温润秀劲，稳重老成，法度谨严而意态生动，控笔能力极佳。难得的是，老文八十多岁依旧有极好的眼力，写得一手极好看的蝇头小楷，字字清晰，行行工整，篇篇如行云流水。山水画更是得了沈周真传，形神兼备。

如果文徵明是“中年叛逆”，那他师父沈周可以说是一辈子都在做自己，不为世事所累。沈周，怀旷世之才，却终身不仕。钻研笔尖文墨，寄情书画丹青，友潇洒名士，行江湖之乐。正如明代吴宽所说：“盖隐者忘情于市朝之上，甘心于山林之下，日以耕钓为生，琴书为务，陶然以醉，倏然以游，不知冠冕为何制，钟鼎为何物，且有浮云富贵之意，又何穷云？”沈周深知，世事如梦幻泡影。他不愿庸随庙堂喧嚣，只求安于江湖。

再说沈周的老师刘珏，也是超脱之人。刘珏五十岁的时候，官不做了，丢下乌纱帽回老家苏州建宅子。从一处高地望去，视野不能穷尽的美景，都是他宅子的一部分。此间曾有文人遍地走，说不尽的诗画风流。不过，宅子建得太好了，也为刘珏招来了逾制的祸事。彼时，刘珏当机立断，一把火将宅子烧成了焦土，毫不留恋。

所以，很多人对相城的印象，一直都不是“坐在美人腿上看油菜花开”般的文艺小清新，而是文脉相传的气息、古朴大气的品性以及超然于世俗之外的洒脱。

TIPS

文徵明墓位于相城区孙武纪念园内，园内有指示牌，墓地掩隐在一片小树林内。轨交4号线有一站叫孙武纪念园，出来即是。孙武纪念园位于阳澄湖西路，靠近文灵路。

沈周是明代长洲相城人，吴门画派创始人，与文徵明、唐寅、仇英被合称为明四家。沈周墓位于沈周路，也是两河交汇之处，与崇福禅寺隔岸相对。

刘珏1410年出生在苏州，书法、绘画、作诗样样拿手，唯独仕途不顺。他是沈周的老师，也是吴门画派的先驱，代表作有《寒岩积雪图》《夏云欲雨图》《秋山读书图》。

他从乱世来，手握兵书

别看相城人现在文绉绉的，倒退到春秋战国，也是能文能武。

除了能征善战的吴地先民，这里还有锋利的兵器，关键是还来了非常厉害的将领——兵家之祖孙武。

《尉缭子》对孙武有很简洁的描述，大概是这样说的：带着十万兵马，天下没人挡得住，那是齐桓公；带着七万兵马，天下没人挡得住，那是吴起；带着三万兵马，天下没人挡得住，那是孙武。

这段描述是有来历的，因为孙武就是带着三万兵马一路平推，把楚国打得溃不成军，最后连国都都没保住。这种操作解说起来就是：楚国兵马众多，孙武只有三万人。好，孙武动了。楚国觉得优势很大，楚国攻击了。就是嘛，飞龙骑脸怎么输？孙武要赢了？孙武赢了！孙武攻击了过来。楚国玩儿完了！

其实你要说打仗，孙武也就是跟着吴王阖闾干掉了大楚，可能还跟着夫差打败了勾践，其他的也没见记载。但关键是人家对于打仗有自己的见解，还把见解写了下来，成为享誉中外的孙武十三篇。

这也许不是孙武一个人的著作，因为春秋早期的兵家著作已经没有什么流传了，孙武作为兵家之祖，肯定是继承并发展了早期兵家的知识，最后形成了学派。

西点军校的《孙子兵法》我不清楚真假，但是日本人对孙武的推崇是绝对假不了的。

日本战国时期，公认最牛的几个将军，没有不推崇孙武的。

后世的兵家，无不以此为祖。

只要是个会打仗的，提到孙子都是毕恭毕敬。而且，从大家的看法上总结就是：十三篇完整叙述了战争和作战，只要学会读懂，就会打仗了。

但是孙武的归宿却有点玄乎。

有人说他被杀了。有道理啊，伍子胥都死了，孙武可是伍子胥的好朋友，还是伍子胥亲自推荐的，作为党羽不死也不行。

有人说他跑了。也有道理，范蠡和文种的不同结局就是他们眼光的长短决定的，孙武这样厉害的战略人士，还看不清这个?

唯一可以肯定的是，很多典籍都指向一点：相城有一个大冢，是孙武的墓。孙武不是吴人，说起来算是齐国人士，漂泊千里到了吴地，最后身老于此。想想也没问题，毕竟他在这里写出了十三篇，也是在这里登上了人生的巅峰，这里就是他的家了吧!

TIPS

2500 多年前，孙武隐居苏州时写下不朽之作《孙子兵法》，并最终归隐终老于苏州。文献资料记载和专家考证均表明，孙武墓位于相城区，这也得到了海内外学术专家及孙武后裔的认可，每年都有孙武后裔前往祭奠。

在**孙武纪念园**，不仅能学到关于孙武的各种知识，还能喝茶、健身。其既是个纪念场所，也是对公众免费开放的公园。

地址：相城区元和街道阳澄湖西路，轨交 4 号线有孙武纪念园这一站。

陆墓，埋的到底是哪个陆？

陆慕，其实是陆墓。

墓是肯定的，陆倒是有些小小的疑问。几乎所有的地方志和资料都说，这里是陆贽的墓。还说在宋朝的时候，有人挖出过陆贽的墓志铭。

陆贽是唐朝人，中唐时期最有名的宰相之一。

唐朝的宰相还是真宰相。人家和皇帝聊天是坐着的，权力也很大，皇帝说话不一定就算数。比如初唐有几个厉害角色，皇帝说我不听，我不听，我不听，他能一把抓住皇帝衣服，唾沫星子四飞讲到皇帝投降。

陆贽也很厉害，德宗李适当太子时候就听说过他，一当皇帝就提拔他当自己的秘书。后来藩镇作乱，长安又被打下来，皇帝跑了，陆贽就一路跟着。他的工作那是相当重要，负责所有的诏书起草。兵荒马乱，皇帝又是六神无主的个性，很难说这些命令背后到底是谁的主意。也因为这个，陆贽在当时就有了个外号“内相”。这名号其实不太好，因为后来也有几个人有这个名号，但是全都是太监。到了明代，这个称谓更是司礼监一号公公的专用

称谓。毫无疑问，陆贽是皇帝的心腹。

信任到什么程度？说有次陆贽跑丢了，皇帝眼泪汪汪哭鼻子，悬赏千金找他。后来陆贽自己找到路回来了，连太子都跑来给皇帝道喜。

当然，好兄弟最后还是分开了。陆贽毕竟是个正直的读书人，当了宰相就爱提意见。皇帝渐渐就烦了，最后找机会把他送到了现在重庆一带去待着，眼不见为净。

陆贽是死在重庆那边的。

于是，问题来了。

陆贽生在嘉兴（*唐代属苏州*），死于重庆，据说那里也有他的墓。那么，为什么相城也有陆贽的墓呢？

目前有两种说法。

顾陆朱张，江东四大姓。陆家根子在这边是不用怀疑的，陆墓也许就是陆家的祖坟。这么杰出的人才死在外边，在家族墓地里肯定是要有一块的。所以，这边可能是衣冠冢吧。

另外的说法也蛮有趣，说这个陆其实是陆逊。

两个说法都有可能。陆墓陆墓，不见得就是唐朝时候才得名。

反正，是陆家的墓，一定没错。

TIPS

陆贽墓为唐代墓葬，在相城区元和街道塔莲桥北堍，今下塘北街38号。此墓在历史上虽存有争议，但至少是个衣冠冢。如今祠和墓都不在了，墓座散落在居民院落中，仅存土冢。千年古镇**陆慕**镇也撤销了，2002年和蠡口镇合并，组成了相城区的中心城区元和，不过轨交2号线还有一站叫陆慕站。

天底下的好事怎么都让他占了

关于女人的传说，总是很有趣。比如大家对她们的来历都很清楚，但是却基本不太知道最终去了哪里。四大美女中，除了王昭君留下了青冢一座，其他三个都各有传说。

西施大概是最不知所终的了。有说被勾践夫人干掉了，这个说法再一次证明了西施的美丽。当然多数说法是跟着范蠡私奔了。这不是黄鹤带着小姨子跑了，这是一个国家的上将军拐跑了另一个国家的宠妃，的确够惊世骇俗的。

范蠡是聪明人，他看出飞鸟尽，良弓藏，所以脚底抹油溜了。

据说范蠡后来成了有名的大富商，改名叫陶朱公。他有钱到啥程度？有钱到陶朱公这三个字成了一个特殊的代名词，用来称呼有钱人。想来也是，生逢乱世而能善终的人，和他做生意你能讨到便宜就有鬼了。但是，西施在不在身边，似乎从来没人给个说法。

蠡口，据说就是范蠡和西施泛舟出行的地方，这倒是可能的。有人说这是他们俩隐居的地方，我坚决怀疑这种说法。谁不知道跑远点啊，躲在这边是怕人不知道吗？

西施到底是不是跟了范蠡，她最后去了哪里？谁也不知道。现在的蠡口是个著名的家具城，人们结婚买家具常来这里。当年，西施也在这里置办了她第二次婚礼的家具吗？也许。

TIPS

财神爷在我们国家有许多说法，例如关公是武财神，商圣**范蠡**即文财神。有传说，范蠡曾隐居在元和街道的蠡口，从事养鱼，并著有《养鱼经》，“蠡口”便由此而来。蠡口原为一个镇，现归入元和街道，现在是有名的家具城，经商之风古已有之。

做成功男人背后的和尚

中国历史上，有这么一群很特殊的人。他们抛头颅洒热血，就是为了改变现状。姚广孝，应该是其中比较有成就的一位。

朱棣造反，估计也没几个人觉得会赢。但是姚广孝大师 N 年前就看中了他，几乎一见面就表示要送顶白帽子给朱棣。当时朱棣是燕王，王上加白嘛，这个你懂的。

而且，姚广孝对于撺掇朱棣称王有着无穷无尽的兴趣。其实燕王一开始也是半推半就的，后来建文帝逼得有点急，燕王还是觉得实力差得比较远。但是姚广孝在燕王无数次打退堂鼓时，给了朱棣信心和鼓励。

你说这位图啥呢？钱？姚大师是和尚，也不爱钱。权力？姚大师最后也没入朝，一直当着和尚。女人？呵呵哒，都说了是和尚！人家也没还俗啊！

所以，只能认为这是姚广孝的天性。

他的传承是在苏州相城这边得到的。姚广孝是明代长洲县人，大概在今天的阳澄湖镇。自幼父母双亡，迫于生计，14 岁便到妙智庵当小沙弥。妙智庵的当家是个“棒槌”，但东边的灵应观里有个道士叫席应真，是个高人，通晓释儒道三家之学，又懂兵法，姚广孝从他那学了不少本事。**你看这个古怪的组合，道士收了个徒弟，结果当了和尚。**

24 岁，姚广孝正式落发为僧，法名道衍。好运的姚大师在朱棣的问题上，取得了空前成功。

对了，按照中国传统套路，姚大师长相很有气势，说是三角眼，看上去像是生了病的老虎。有个相面的估计喝多了，居然直言不讳跟他讲，他一看就是个杀人狂，超级变态的那种。结果姚大师的反应是：太谢谢您了，我真是高兴死了。

TIPS

阳澄湖镇的妙智庵里，还有**姚广孝**的灵位。妙智庵旧址内曾发现两块古碑，其中一块皇帝御祭文碑，又称明御祭姚广孝文碑，是永乐十六年（1418）三月，姚广孝在北京去世后，永乐帝派人到苏州姚氏故里镌刻的一块重要的纪念碑。碑文内容，记录了姚广孝辅佐朱棣夺得天下的人生轨迹。这块碑是苏州市文物保护单位。

地址：相城区阳澄湖镇湘城人民街后弄后山嘴，镇区北部地势最高处。

他的诗，
就是望亭的历史

TIPS

望亭运河公园及历史文化街区 2019 年 5 月正式亮相，明明是个簇新的公园，名字里却盛满了千年洪流的沧桑感。运河公园坐落在望亭镇中心、大运河畔，分为沿运河段和沿御亭路段两部分，包括农业体验区、休闲生活区、古建景观区、工业体验区、改造艺术区和府前休闲滨水区 6 大部分。历史文化街区是最先开放的区域，也是公园的“C 位”，复原了望运阁、千年望亭、望亭驿等建筑，还有运用多媒体技术展示望亭非遗文化的展馆。在公园里坐看大运河上船来船往，是望亭人最惬意的时刻。

在还没有正式见面之前，望亭给我留下的第一印象就很好，这全要感谢一个人。

那时候还没有我，也没有你。那个人来苏州当了一年父母官，时间不长，但是苏州老百姓都很认他，据说他走的时候，“姑苏十万户，尽作婴儿啼”。他叫白居易。

白居易跟望亭有什么关系？他给望亭写了一首诗，一直传到现在。也许对这位“诗魔”来说，一首诗何足挂齿，比起《长恨歌》《琵琶行》这样家喻户晓、妇孺皆知的名篇，更是微不足道。但对望亭来说，这首诗很重要，用言情小说里痴男怨女的表白神句打个不太恰当的比方：你有万千星河，我视君为明月。

“何事出长洲，连宵饮不休。醒应难作别，欢渐少于愁。灯火穿村市，笙歌上驿楼。何言五十里，已不属苏州。”一首《望亭驿酬别周判官》，写尽了白公与友人的深情厚谊，也让后世有史可循：望亭在唐代是一座驿站，有着交通枢纽和门户的作用，重要性不言而喻。当时的白公刚完成了一件造福百姓的大好事，他疏浚河道，修砌驳岸，一条山塘河把运河水连进了姑苏城。自此，北上的水道缩短了不少。虽在离别伤情时，他仍写下“灯火穿村市，笙歌上驿楼”，对自己辖下的姑苏太平昌盛相当自豪。

对于前半生在京城宦海沉浮的白居易来说，哭哭啼啼的送别怎么对得起那些年受过的怨怼与冷眼？何况眼前所见，是浩荡而来、一路勾连百川的大运河；脚下所处，是东汉末年吴先主孙坚赐名“御亭”、隋开皇九年（589）设驿、初唐改名“望亭”的重要驿站。在大江大河、朝代更迭的“大我”面前，“小我”的几分伤感早已飘散得无影无踪。

不是我故意要替白公美言，而是每一个来过大运河望亭段的人，都会生出一种“渺小”感，然后不自觉地学着它的气质变得豁达起来。就连岸边新建的望亭运河公园，也与一般公园长得不同，从高空俯瞰它是个“T”字形，一边顺着运河流向，另一边延伸至镇区，给人留下无限遐想。第一次来这里的人，或许会先被那些复刻的古建筑吸引，如果多来两次，你就会学着望亭人的样子，找个看得见运河水的地方，坐着聊天、喝茶，消磨半天时光。

阳澄湖畔上演的谍战大片

话说，常熟有个沙家浜，沙家浜有个芦苇荡，芦苇荡边有家小茶馆，小茶馆里有个阿庆嫂。说起阿庆嫂智斗刁德一的故事大家都耳熟能详，然而，这个阿庆嫂的原型就没有统一的说法了，最准确的就是“阿庆嫂是千千万万抗战妇女的象征”。

自古以来，苏州姑娘给人印象就是文文弱弱的，可当年阳澄湖边的姑娘一个个可都是递得了秘密情报，斗得过伪军武装的。据说这里出过不少“阿庆嫂”，其中有一位名叫石雪珍的老人，没有茶馆，当时就把自家的宅子整成了抗日地下联络站。

石雪珍老人的婆婆沈菊英和丈夫陆义都是情报传递员。陆家家底殷实，婆婆和善、丈夫体贴，若不是生在战乱年代，倒是幸福的一家子。

陆家虽也有些鱼行、杂货铺之类的，可到底人员混杂不太方便，为了给“江抗”建立消泾办事处，陆家人特地辟出 120 多平方米的宅子。这办事处也就是现在的阳澄湖地区抗日斗争史迹陈列馆。

老百姓的智慧是无穷的，情报传递员尤甚。人家的情报冬天缝在棉袄夹层、夏天盘进长辫子里，这谁能找到！

然而当时有个武装土匪头子叫胡肇汉的，先当逃兵，后当叛徒，接着成了汉奸、特务。看这简历就知道不是什么好鸟，手段也是毒辣得很，石雪珍的婆婆和丈夫就先后死在他手上。痛失两位亲人，石雪珍不仅挺过来了，还扛起地下交通联络站的工作，毕竟是被称为“阿庆嫂”的女人啊！

1995 年的时候这个办事处就被改成了陈列馆，里面的展品、史料也都是石雪珍老人捐赠的。现在来这里，只能看到一间精致低矮的小屋，这么些年来，石雪珍老人都在这里充当讲解员，以亲历者的身份为前来参观的人们讲述阳澄湖地区的抗日斗争史。

可惜，石雪珍老人 2012 年时已仙逝，没有见到“阿庆嫂”本人实在有些遗憾。不过，石雪珍老人的儿子陆智钤先生还在。一处处历史、一场场战事，字字句句间我分明地感受到其母的傲骨与豪情。

TIPS

阳澄湖地区抗日斗争史迹陈列馆通过前言、铁蹄躏水乡、芦塘播火种、阳澄烽火燃、保卫根据地、深切的怀念及革命旧址复原说明等七个部分，展出历史照片 116 幅、资料 42 件、图表 7 幅、实物 68 件，陈列馆馆名由坚持阳澄湖地区抗日斗争的原新“江抗”司令员夏光同志题写。如果要对青少年进行爱国主义和革命传统教育，可以选择这里。

地址：苏州市相城区阳澄湖镇消泾村，消泾老街 26 号。

对历史感兴趣的小伙伴还可以去到太平老街的获溪文史馆。

获溪文史馆是由老银行改造而成。门口还保留着“中国人民银行”的石碑。馆内展示了太平地区建置沿革、历史人物传略、文物古迹遗存、非物质遗产传承、古代诗文选录、太平抗日风云 6 个方面内容。馆内文字由当地的退休教师龚仁芝收集整理，要是碰上龚老师在馆里，还能听他细细讲解每一样物件背后的故事。

地址：苏州市相城区太平街道老街 10 号。

往事冒个泡

给乾隆改诗，有胆

沈德潜，一个在退休的年纪终成大器的名士，66 岁中举，然后一路开挂，5 年连升数级，直达内阁学士兼礼部侍郎。要说这沈德潜，跟相城缘分不浅，6 岁就跟着爷爷在著泽湖（今阳澄西湖）住了半年多。42 年后，屡试不中的沈德潜故地重游，并在此成立了“北郭诗社”，和诗友们临风感怀。

“贪玩”的官员，有才

明代相城有个官员叫都穆，政绩咋样不清楚，但写了一手好游记。因为经常到关中出差，查看山川形势，写成《使西日记》四卷。关于光福、玄墓、邓尉一带也有很多宝贵的攻略留下。文笔怎么样呢？此人少时跟沈周学诗，壮年跟祝允明、唐寅等人交游，在当地颇有名气。著述颇丰，不妨一读。

阳澄湖变大，有料

《平江图》上，现在阳澄湖的地方被署为“杨城湖”，与太湖、天平山、虎丘等名山名胜平起平坐。不过那时没有现在这么大。后来怎么变成太湖平原第三大湖呢？据说是吞噬了周边的田野村落而形成的。

将军的水瓶，有价值

韩瓶，不是韩国的瓶子，而是南宋名将韩世忠部队所使用的行军壶，相当于现在的军用水壶。盛泽荡附近的村民以前常发现韩瓶，都没当文物就给卖了。经考证，南宋初，韩世忠在苏州的水域训练过水师，在今阳澄湖边设有营地。这些器具的发现对当时的文化、军民的生活习性研究有很高的价值。

晚清人家，有故事

熙馀草堂在黄埭，建于道光年间，原为乡绅朱福熙住宅。宅子总共四进，堂分东西两部分，有备弄相隔，西部是主体部分，从正厅到花园都出自香山帮。可惜平时不太开放，如果有机会进入，还是值得参观的。厅前的庭院里种了两棵树，一株是玉兰，一株是枇杷，取金玉满堂之意。东面花厅镶嵌的五色玻璃窗格，很有晚清风格。现在是一个评弹陈列馆，旁边不远处就是黄埭书场。

贰

无论是新城还是古镇，
都离不开水的依托。
小桥流水，
灯火阑珊，
繁华与散淡，
都市与自然，
就这样和谐并存。

湖畔

在阳澄湖畔的茅草屋里等游轮

TIPS

阳澄湖旅游集散中心由日本建筑师隈研吾设计，2019 年获“凡尔赛大奖”，位于“美人腿”中部，是集旅游、集散、售票、餐饮、娱乐、咨询、医疗服务于一体的综合性旅游服务大楼。

船票价格 30 元，含莲花岛忆园和三元府第门票。上岛 0.5 小时一班；淡季离岛 1 小时一班，旺季离岛 0.5 小时一班。

淡季（1 月 16 日—9 月 14 日）

旺季（9 月 15 日—1 月 15 日）

武侠小说中，岛总有种与世隔绝的意味，带着神秘色彩，黄药师钟情的桃花岛，金银二老所隐居的灵蛇岛都是如此。**岛外的人想要踏足并不容易，上岛的人不是轻功了得便是内力深厚，武功定然不凡**。

随着工业文明的发展，来自岛屿的神秘感渐渐被乘坐游轮的刺激所湮没。开往莲花岛的游轮正在急速前进，伴随着发动机的轰鸣声，身后的湖水被激出一道道浪花，空气里也弥漫着薄薄的水汽，回望码头，这座不远处的建筑仿佛是几层立在湖畔的山峦。

不得不感慨，日本建筑师隈研吾又一次做到了“让建筑消失”。

在隈研吾的理念中，建筑不应该是拔地而起的入侵者，也不是统占空间的专制者，而应当与周遭的文化和环境相融合。江南多雨，低矮的茅草屋是传统的民居，斗笠蓑衣是旧时阳澄湖畔渔民必备的装束，隈研吾的设计灵感大概便是来源于此。三角形的屋面灵动跳脱，每个屋面都设有的铝板百叶，犹如茅草。对于建筑材料的要求，隈研吾堪称苛刻。被我们当成茅草的八千多根铝板百叶，每一根的长度与角度都经历了反复斟酌。地面所用的石材通过人工斧凿，每一块都独一无二，痕迹或粗犷或细腻。墙面上长条状的异形杉木板、室内天然木皮格栅吊顶、洗手间台盆所用的乱纹不锈钢……处处都展现了匠心。

一天之中，随着光影变化，行走在“茅草屋”会有不同的感觉，上午觉得是在羽翼丰满的大鸟翅膀下歇息，下午又像是穿越进树枝密布的丛林中探险。“茅草屋”三楼的平台视野开阔，十几艘蓄势待发的快艇就在眼底，目之所及是活色生香、富饶动人的阳澄湖。

水乡湖网密布，湖畔行舟的场景再常见不过，但是在集散中心候船区看到座椅被设计成渔船的造型时，仍有种被设计师洞穿了乡愁的惊喜！

阳澄湖游客中心

鱼
舟
唤醒了湖畔
这里的
故事都是从水开始

绕城高速
湘城枢纽
凤阳路
皇罗禅寺
莲花岛
莲花岛
药师庙
澄林路
美人腿
美人腿
生态农业园
阳澄湖旅游
集散中心
阳澄喜柯
大酒店
大地彩绘
第府元三
忆园
西咀游客接待中心
三元府第
西咀公园
月亮湾
村上湖舍
澄林路
清水村
阳澄湖生态
休闲旅游度假区
中环北线

就冲这条美腿，我可以！

美不美，看大腿！一双美腿的杀伤力，有的时候比 9.0 级地震还厉害。

好吧，我承认，我就是一个深度的“美腿控”，也因此，我最爱夏天。兄弟姐妹们也差不多都知道我好这一口。爱美腿又不是违法乱纪，我不在乎。

说起来那还是很久之前的事情了。那天弟兄打电话给我，说要带我去看“世界上独一无二的美腿”。当这几个关键字蹦出来，我立刻就像被打了“鸡血”一样，莫名地坐不住。

车子开到阳澄湖边，我突然醒悟过来：世界上独一无二的美腿，莫不是传说中的阳澄湖“美人腿”？泪奔！弟兄笑而不语。激动了半天，看什么美腿啊！他其实就是找我一起游春、吃渔家乐来了。感觉自己的兴趣爱好受到了伤害。

不过说实话，那地方还真是不错的，特别适合类似我这种上班在电脑前敲敲打打，下班还是在电脑前打打敲敲的宅男。因为那地方乡土归乡土，但确实给人小清新、小舒适的感觉，而且还可以晒图发在朋友圈显摆显摆。

去的时候正好是菜花季，房前屋后、村口路边，绿的、黄的、粉的、红的，样样都显得很水灵。穿着老式土布衣服的阿婆，正在腌晒着咸鸡、咸肉。流过村口的小河浜里，一只小摇船上，中年阿叔好像是在倒虾网，看样子收获不错。阳澄湖风款款吹过，让人立马想到那张牙舞爪的美味。什么是水乡啊？这就是水乡！

菜花塘鳢鱼、菜花螺蛳，我已经不记得饭店叫什么名字了，不过这两道菜的美味，咂摸咂摸嘴还是记忆犹新。据说，美食家沈宏非跟我的感觉差不多。这个吃货，三次去“美人腿”，就是为了那几条菜花塘鳢鱼。

说到底我是一个“美腿控”。阳澄湖这条“美人腿”，击中了我的要害。

TIPS

阳澄湖“**美人腿**”是一个开放的景区，享受阳澄湖美景，感受乡村风情，自驾吃渔家乐，是不错的选择。不要带着传统玩景点的心态，静下心来才能欣赏这种生活化的美。传统概念里，秋天是最美旅游季，每年的阳澄湖旅游节也在 9 月开幕。其实春、夏、冬也各有味道，春天的油菜花、夏天的薰衣草、冬天的蜡梅都是这条“腿”上的主角。

“美人腿”上，渔家乐比较多，集中在澄林路沿线的清水村。因为“美人腿”的主干道就是澄林路，所以还是比较好找的，即使没什么方向感也不怕迷路。

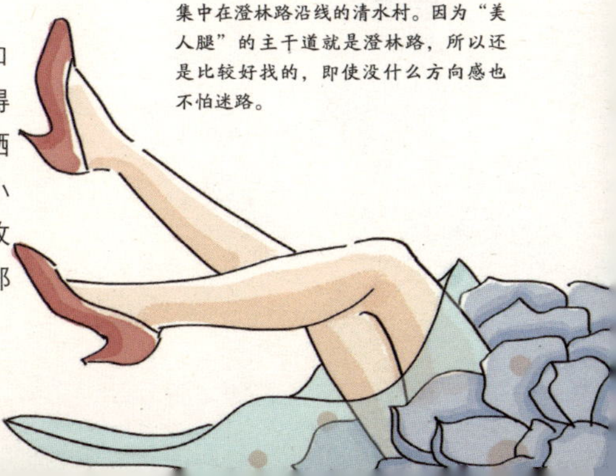

阿弥陀佛，湖景寺庙了解一下？

喜欢去寺院，并非信仰所驱。只是喜欢不定时地去感受寺院中的肃穆，在静穆中，确如梁实秋在《寂寞》里所说，会“顿有所悟，悟到永恒，悟到自我的渺小”。初次进入皇罗禅寺的感觉是大气，尤其是一排排红色的柱子惹眼得很，雕梁画栋，气宇轩昂。后来才得知这是长三角地区唯一有北方建筑风格的寺庙，难怪呢。还有一种直观感受就是亮堂，它并没有千年古刹的沉闷和神秘。

很快就尴尬了，本以为来这里可以偶遇一位高僧，互道一句“阿弥陀佛”。

毕竟在我固有的思想里，寺庙必定有一个画面——老僧入定，枯守青灯古卷了此一生。但在皇罗禅寺，这样的想法显然是肤浅的。

都说深山藏古寺，寺院和深山通常是绝配，互相成全。皇罗禅寺却偏偏“离经叛道”，依阳澄湖而建，傍湖而眠。

听当地人说，莲花岛的岛民向来过着平淡简单的渔耕生活，他们虔诚地劳动、生活、相处，遇到难以释怀的情绪或者想要祈求庇护时，就会不约而同地求助于皇罗禅寺。而岛民们得到的回应，正如我们所见——**阳澄湖面的风随意来去，吹散了城市的忧愁，带来了美食美景，还有当地人的淳朴面庞。**凡是阳光灿烂的日子里，沐浴着晨钟暮鼓，每一束透着烟雾的光映在这所寺院里，都好像充满着佛的启示。

在城市的染缸里浸久了，人会变得浮躁不安，欲念丛生，人人都需要这样一处僻静温暖之地。

TIPS

皇罗禅寺不要门票，交通也相当便利，星湖街往北，一路经过唯亭大桥、青剑湖、阳澄湖大桥，转入澄林路开到底就到啦，一路过来都有路标，非常好认，沿途风景也是相当不错。值得一提的是，皇罗禅寺不仅香火旺盛，抄经堂和素面馆也是热门地儿，逛完寺院，一定要去吃一碗素面，抄一段经书，才不算白走佛门一遭。

“偷拍”不足，“偷诗”有余

被一种自然景观或生活状态击中心灵，有几种方式可以表达内心的喜悦?

拍照是一种。

莲花岛是阳澄湖里一个原生态的小岛，岛上只有 500 多户人家，产业除了渔业就是旅游业。即便炎炎夏日前往，岛上观光的人也不少。村民一年四季生活在闪光灯下，择菜会被拍，种田会被拍，连拎着竹篮走在乡间的小路上，都有游客饶有兴致地欣赏。都市人对乡村生活的好奇，让每个游客都开启狗仔模式，打探这个世外桃源的生活方式。每一次按下快门，都是在表达他们的羡慕之情。

岛上只有人走的路，没有汽车。家家户户都有好几条船，小船、挂浆船、汽艇，而且每户都有自己的“艇位”。偶尔看到河边洗菜、杀鸡、挑鱼的女主人，身边总围着几只鸭子，女主人把死了的鱼远远一扔，它们便一哄而上，争抢起来。不消说，如果游客看到这些，一准又会“咔嚓”几下。

吟诗也是一种。

这岛太原生态，原生态到让人读出诗的意味。

黄昏，太阳沉落在铺满荷花的阳澄湖上，莲叶空隙间露出点点橘色，结束了一天的劳作，人们迎着夕阳返回家中。这是“竹喧归浣女，莲动下渔舟”。

热情的村民将远道而来的客人请进家门，刚从渔网里被擒获的大闸蟹来不及反抗，就已经在姜和葱的包围下，从青背变成红背，与黄酒一同端上桌，成为客人和主人畅饮的佐酒大菜。这是“开轩面场圃，把酒话桑麻”。

从岛民的聚居区走到彩稻田需要二十分钟，一路走下来离水越来越远，离田越来越近。岛民贴心地在稻田里搭了几个木质岗亭，登高远眺，向上，可揣摩白云宝宝的造型，向下，能清晰看出大地彩绘的模样。这是“行到水穷处，坐看云起时”。

也可以什么都不做，不游船不品蟹，不拍照不晒图，就静静坐在路边，陪阿婆卖刚从鸡窝里捡来的鸡蛋，看城里人笨拙地踏水车，和小草共沐一缕春风，和脚边不知名的小花说一声“初来乍到，请多多关照”。这是“久在樊笼里，复得返自然”。

只恨自己不会作诗，只好做一个偷诗的人，借古人诗意表达今人感受。

TIPS

莲花岛位于相城区东北部，三面环水，因形似一朵盛开的莲花镶嵌在湖中而得名。家家以蟹为业，以湖为生。2015 年曾获评 CCTV“中国十大最美乡村”。

如果是乡村旅游爱好者，那一定要来看看。选一家渔家乐，尝尝蟹农自己养的螃蟹，这是秋天独有的享受。

两种上岛方式：自驾或者乘坐公交 87 路到阳澄湖旅游集散中心，坐船上岛；或者到阳澄湖北码头，坐旅游观光车上岛，私家车是不能上去的。

岛上的忆园、三元府第、药师庙、大地彩绘（稻梦空间）、风情渔港、踏水车、扬风车、牛拉水车等，可以让游客体验到阳澄湖地区独特的农耕文化、渔文化、蟹文化以及民俗文化。

三元府第位于相城区莲花岛的南端，是一座典型的江南水乡古居民建筑。票价 10 元 / 人，儿童和老人按照周岁数，享有半价和免票的福利。

忆园里陈列的“金砖”刻着阳澄湖时光的遗痕，你可以摸一摸，手感真心赞。另外，馆里精心设置了渔业馆、婚俗馆、美食传说馆等，全面展示了完全生态的、生产的、生活化的阳澄湖风情，还原了莲花岛原生态的生活方式。再提醒一句，去忆园一定要去渔业馆仔细看看那些鱼类标本和真正的捕鱼工具，一定会被震撼到。忆园票价 15 元 / 人，学生和老人享受优惠票或免票。

不管身体在哪，灵魂总在村上

每个人都不是完全自由的，即使灵魂可以，身体也常被牵绊。我有的时候特别羡慕一些人，总能让灵魂和身体都在路上。比如这位，为了做皂，在阳澄湖边租了个小院子作工作室，因为他觉得做皂是个看心情的活儿，心情好的时候做的皂质量也好，心情不好的时候做出来的皂，一言难尽。

工作室不大，胜在干净整洁，除了一排排半成品的冷皂，最吸引人的就是满是油脂和花草的大玻璃瓶。打开瓶盖，整个工作室便弥漫着薰衣草、玫瑰、金盏花以及中草药的香味。朋友的妻子从事环境安全相关工作，所以他们两口子的座右铭是，能用植物解决的问题，就别用动物。

做冷皂说复杂也简单，一个人跟着网上的教程也能做出来；说简单也复杂，想做一块质量好的冷皂，需要的不仅仅是优质的原材料，更需要精湛的工艺。

一块冷皂可能要用到七八种不同的油脂，油脂什么时候放，什么温度放，化学知识必不可少。还需要耐得下性子，相对于热制法，冷制法需要的时间要漫长得多，光晾晒就需要两个月。

冷皂制作需要控制温度，要把温度控制在40℃以下。做完之后的皂，冷凝时体积也不会发生很大的变化，只是内部反应在继续。冷皂有一个说法，制作工艺越好，保存的时候越久；保存时间越久的皂，洗感会越好，因为保存时间越长，意味着皂化反应更加充分，里面的甘油成分越高。也是因为甘油成分，使得用冷皂洗脸沐浴之后，只余滋润感。

生命原本简单，就如冷皂，只需油脂、碱、水和等待的时间。

TIPS

刘家庄手作村落位于阳澄湖生态休闲旅游度假区核心部位——“美人腿”，由蔬菜花园、手作工坊、乡村原创生活馆、青年旅社组成，充分实现了创新与传统手作文化的完美融合。闲暇时分可以在墨陶绘里“玩泥”，体验手工拉坯，做亲子手绘青花瓷；可以在村上心旅当个“木匠”，用上锯子、刨子、钻头等专业工具，体验木艺手作；也可以在创皂生活亲手制作最天然的护肤品：润唇膏、研磨皂、扩香石等。

一湖古意 一城春风

春天，是从漕湖湖畔的海棠吐蕊开始的。早春的公园实在令人乏味，浅草尚未没马蹄，红杏还没出墙来，只有二月春风似剪刀，在脸上划出一道道风的痕迹。尤其是当这风从空旷的水上而来时，带着湿气的寒意让人条件反射地发抖。

车子缓慢地行驶在环湖路上，眼睛无所事事地扫着漕湖近 10 平方公里的水域。它东西长，南北窄，烟波浩渺，湖面宽广堪比西湖。一条跨湖大桥提振了湖面的气势，像一柄出鞘的长剑，剑指湖心。清代有诗形容漕湖：“秋光一片接澄河，少伯曾经此伐吴。”少伯即范蠡，想必古代越人从漕湖最先进入相城地带时，必然是佩剑的。剑出鞘就要见红，那一朵朵红海棠似鲜血，又似朱砂。

TIPS

漕湖湿地公园是免费的，门口可租自行车，30元/小时。但是想环湖骑一圈的朋友，还是掂量掂量，里面真的很大，不如在骑断气之前留一口气在草坪上露营，醉卧海棠下岂不更妙。目前跨湖大桥和东半湖基本上开发完成，开车兜一圈更现实。

漕湖湿地公园自2018年起每年举办龙舟赛，参赛选手来自世界各地，观众观赛之余还能欣赏到水上表演，体验创意集市等活动。

地址：方桥路与环湖路交界处附近。

今天的漕湖湿地公园在相城西北部，北桥、黄埭交界处，密密实实的植被和稀稀拉拉的人群形成鲜明的对比，也平添了些苍凉的古意。“仁者乐山、智者乐水”，一座城里有一汪湖水，这城就有了岁月不侵、流光不抛的资本，因为流水不腐城常新。早春的寒风将湖面吹皱了千年，也带来了年年不同的春风。

我想和你泛舟，纵享丝滑

我想和你泛舟，不知今夕何夕。脚蹬船上传来呐喊，船头，水潺潺排开，简直纵享丝滑。

水是苏州的血液。

与公园相通的人家里，阿婆们会来清清的湖边洗衣服，捶打的声音十分过瘾。望去，楼房成为背景，小桥上光影跳跃，小桥下木船横躺。油菜花，青菜地，一小片人家，宛然那个旧旧的、粉墙黛瓦的江南。

公园一个圈有 6 公里，在公园里观光的一般模式是租单车，双人单车的话，可以把小朋友放在后面，一家甜甜蜜蜜出行。开挂模式是观光车：花头巾大妈带你狂野兜风，炫酷到思维混乱，心情复杂，头发在脸上胡乱地拍。

玩累了来歇会吧。蜜炙般香甜的太阳底下，草坪是毛茸茸的，蔚蓝的天空中，白色的云朵像软被子一样。拿一本书，吊床在树上一绑，人陷进布里，看着看着就眯着了，像温饮一碗黄酒。这里也可以租帐篷，情侣们依偎着，腻歪一下午。老夫妻则睡得七荤八素、四仰八叉。

租的是这风，所谓天地之空调。

林子里树荫细密，阳光透过碧绿的叶脉间的缝隙，只有一两点莹莹的光斑能晕染开，土都是沁凉的。树风掺着水汽，沙沙一吹，遍体清凉，灰尘和燥热霎时褪去。如果是花期，会有一丛丛的杜鹃，一树树紫荆和桃花，山樱更美，团团凝如美人腮，鲜嫩得自带柔光效果。

公园里也有很多小毛孩，滑滑梯、玩沙子、放风筝，小孩子清脆的声音和悦耳的鸟鸣融为一体，成了公园最合适的背景音乐。

TIPS

虎丘湿地公园是没有门票的，不过，想要租车、租船、租野餐垫、租帐篷，都要现金。自行车和船押金 200 元，帐篷押金 300 元。

地址：苏州相城区苏虞张公路和阳澄湖西路交界处。

千年的紫薇在想啥

想尔康？No，No，No，我说的不是大明湖畔那个紫薇。

我说的是阳澄湖畔的紫薇，已经有1200多岁了。老家在四川青城山，前些年来到苏州的中国花卉植物园，一来就成了花魁。

开花时回眸一笑百媚生，不开花时这紫薇的身型跟尔康差不多，高大、霸气。主干直径超过2米，高超4米，根部还有个半人高的树洞，外加紫薇树的树皮本身就溜光水滑，远看就像一个全身涂了油彩的健美先生，枝干似手臂，主干似身躯。作为镇园之宝，紫薇王是个不折不扣的百万宝贝，为了陪伴它，园方特意花十多万元购置了一块太湖石，置其身边。奇石加奇木，才是自然界的“你是风儿我是沙”。

其实，就算没有奇石陪伴，背井离乡的“川妹子”也不会寂寞。因为整个园子太热闹了，各种花卉植物2000多个品种、100多万株，四季的景色融于一园。这里的花，这里的树，这里的水，这里的五亭山，不同的时候过来，景色大不相同。值得一提的是五亭山，一座30米高的人工山体，虽然不高，但是弥补了相城区有水无山的遗憾。山上建有一座象征“五谷丰登”的五位一体景观亭，可以纵览园子全景。

在鼎鼎大名的花王角里，住着880多岁的重阳木、800多岁的棠棣、500多岁的桑树、400多岁的桂花王、400多岁的皂角、380多岁的刺五加……N多重量级的花树都在这里安了家。千年紫薇正是这群花王的小姐姐。

都说美人迟暮最苍凉，但从这些花王身上看，还是朱生豪的预言最准确：不要愁老之将至，你老了一定很美。

TIPS

苏州（中国）花卉植物园，国家AAA级旅游景区。

植物园实在太大了。如果想偷偷懒，建议坐观光游览车，从南门到北门只要5元/人，绕公园单向行驶一周10元/人；如果时间充沛，当然是闲步最好，看见什么花停下来合个影，闻闻香，这样的日子才是最惬意的。

门票：旺季30元/人，淡季20元/人，可刷休闲年卡

开园时间：8:30—16:00

再低调，你也是桃花源！

TIPS

波澜不惊的太湖，映照出太多风花雪月的往事，也见证了望亭的前世今生。**北太湖旅游风景区**位于农业特色小镇“稻香小镇”——相城区望亭镇，西邻太湖、北接望虞河，京杭大运河穿境而过，于2018年成功获评四星级乡村旅游区。北太湖大道一侧是近七公里的滨湖风光，另一侧是万顷良田与散落其间的自然村落，是鱼米之乡的现实写照。“稻香公园”“油菜花海”“七彩金沙滩”“风情顺堤河”“党建红色步道”“二十四节气印象田园”等不同主题的生态景点穿插在风景区中。长洲苑湿地公园依北太湖而建，总面积近300亩，是依托历史文化古迹而精心打造的生态型主题公园。

来过苏州的人，大都把赞美之词给了园林。殊不知，园林之美在于匠人的精心雕琢，而太湖的风光之美才真可谓是自然天成。

苏州有很多湖：身处繁华商圈的金鸡湖，被朗朗书声围绕的独墅湖，以及吃货们在金秋时节最向往的阳澄湖，每一个都以各自或明媚或显耀的姿态，越来越为人们所熟知。但是，若论起文化渊源和历史地位，太湖才是当仁不让的翘楚。

不过，一向低调的太湖从不倚老卖老，也不甚张扬。她甚至，都不屑于打扮自己。任外面的世界怎样多姿多彩，她依旧不紧不慢，以自己最适宜的步调，过着日出而作、日落而息的朴素生活。这样的太湖以其自身独特的文化气质，影响着她身边的原住居民，也吸引了越来越多热爱自然风光、崇尚简泊宁静的人相继而来，一睹她的风雅。

陶渊明笔下的桃花源是什么样子，我没有见过。直至来到潜藏于太湖边上的望亭，我才意识到，那片“芳草鲜美，落英缤纷”的桃花源其实就在我们身边。

原汁原味的水乡文化与如诗如画的田园风光巧妙地融合在一起，孕育出了意态安详的望亭，望亭也自然承继了太湖的清丽容貌和悠然气质。生活在这片秀美风光中的村民，日子也都过得安宁而恬淡。日光穿树、炊烟三两、深巷狗吠、杏花晚白，

这样的田园生活于我们而言可望不可即，对他们而言却是常态。

这样的望亭，也最适合用来收拾凌乱的意绪。

来到这里，呼吸都变得纯净而透彻。双脚踩在地上，发出“笃笃笃”的声响，只有心意相通的人才能体悟，这是江南水乡特有的小调，内心焦躁的人是断然听不懂的。这种轻巧的、隐约的声响，声声入耳，能滤去我们内心所有的喧嚣和琐碎。

夜晚，坐在安静的院落里，看着桂花朵朵飘落，虔诚地将自己交给月光，才能走进一种澄澈的启悟之中。这种启悟，犹如立在炊烟袅袅的院落之外，忽然听到院子里传来熟悉的声音，上前去轻扣柴扉，终于与最真实的自己相见。这样的情景，总让人心生欢喜。

和你和他和月季
和树和水和回忆

TIPS

盛泽湖月季园是长三角地区月季品种最多、面积最大、最具有浪漫风情的月季游赏景区。月季园是相城区唯一集岛、湖、水、花、田、园、林为一体的游览观赏休闲胜地。

园内种植了上百种月季，是相城不容错过的美景。

开放时间：8:30—17:00

门票：20 元 / 人，1.4 米以下儿童和 70 岁以上老人免票，60 岁以上半票

园内电瓶车 10 元 / 人。

地址：相城区盛泽荡路 2 号。

景区自驾游路线：

G524 往阳澄湖方向右转，往东 500 米左右即到。

用一园湖畔盛开的花，一湖暗香浮动的水，揭开一篇花与水的对话。在一场烟雨缥缈的漫步后，就这样迎来了不容错过的花期。

盛泽湖边有一个月季园。在这个快消时代，却有人愿意将一整片土地种上满满的月季花。这里的月季花品种各异，颜色不同，撑起了所有少女会有的美梦，为了给她或者他或者是他和她一份再也不愿遗忘的回忆。

月季又被称作花之皇后，但比起这个给人以距离感的别称，我更喜欢她的花语——纯洁的爱，既可以像初恋一样纯情，又可以像热恋一般幸福，她是爱情的信物，更是爱的代名词。漫步于月季园内，就如徜徉于爱的伊甸园，美妙，不忍打扰。

月季园内的月季有成百上千种，但最珍贵的品种当为树桩月季中的古桩月季，在树龄超过百年的树干上嫁接月季，这样的景色令人叹为观止。姹紫嫣红的花海和

清澈的盛泽湖水相互映衬，别具一格。

来这里，除了看树、看水、看月季以外，还有采摘、打球、烧烤可以选择。在湖光花海的盛景中，闻着花香；或在采摘岛感受烧烤野趣，品味茗茶清韵；或在湖畔钓台看点点沙鸥，享受时光安然；或在球场上挥拍击球，在湖面上驾艇凌风。

这么美的大片月季花，每年花开时节都会见证情侣们一生最美好的时刻。

洁白的婚纱掩映着新娘娇羞的脸庞，笔挺的西装衬托着新郎幸福的微笑，烂漫的春光下，是月季花的鲜艳，装饰着相机中你和他的脸，也装饰了你和他的梦。月季的心愿似乎总是那么的坦白，每一片花瓣都愿热情盛放。

在月季组成的伊甸园里，多情只有盛泽月，愿为新人照春花。

花中吟诗 诗里闻香

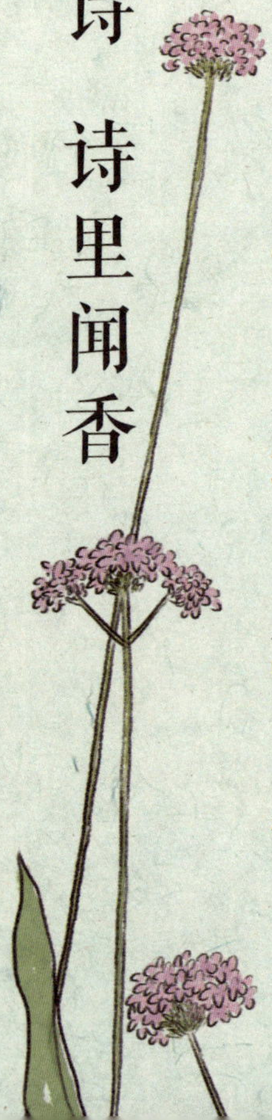

桃花

桃之夭夭，灼灼其华。

赏花地：黄埭冯梦龙村旅游景区。

郁金香

郁金香汗裛歌巾，山石榴花染舞裙。

赏花地：苏州（中国）花卉植物园。作为华东地区面积最大、品种最全的花卉植物园，园内的八万余株郁金香盛放时，是多么浪漫的童话世界啊！

樱花

樱花已熟酴醿放，春去虽忙意尚夸。

赏花地：盛泽湖景区、“美人腿”。

月季

牡丹最贵惟春晚，芍药虽繁只夏初。
唯有此花开不厌，一年长占四时春。

赏花地：盛泽湖月季园。

杜鹃

陌上蒙蒙残絮飞，杜鹃花里杜鹃啼。

赏花地：虎丘湿地公园。

向日葵

葵藿倾太阳，物性固莫夺。

赏花地：冯梦龙村、莲花岛。

紫薇

独坐黄昏谁是伴？紫薇花对紫薇郎。

赏花地：苏州（中国）花卉植物园有一株从四川青城山移植来的千年紫薇，岁数冠绝全苏州。同时，在阳澄湖镇也能观赏紫薇。

油菜花

儿童急走追黄蝶，飞入菜花无处寻。

赏花地：阳澄湖“美人腿”，油菜花金灿灿、黄澄澄，开到耀眼；莲花岛，总面积为 3 平方公里的一座小岛，油菜花种植面积多达 1000 亩，是一座名副其实的油菜花岛；望亭镇，这里的油菜花，和波光粼粼的太湖是天生绝配。

梅花

腊近探春春尚远。闲庭院。梅花落尽千千片。

赏花地：常规的就不推荐了，推荐一个有野趣的地方。阳澄喜柯大酒店的马路对面，有一片淡粉、玫红、素白相间的梅林，误打误撞，偶得的欣喜。

海棠

昨夜雨疏风骤，浓睡不消残酒，试问卷帘人，却道海棠依旧。知否，知否，应是绿肥红瘦。

赏花地：苏州（中国）花卉植物园；漕湖湿地公园，园内有鲜红欲滴的贴梗海棠，早春 2 月即开，是漫长冬日后，春天最早的一批信使。

荷花

接天莲叶无穷碧，映日荷花别样红。

赏花地：荷塘月色湿地公园、莲花岛。

梨花

海棠未雨，梨花先雪，一半春休。

赏花地：黄埭冯梦龙村旅游景区、渭塘现代农业示范园。

荷塘月色湿地公园

荷塘月色湿地公园是江南最大的荷花主题公园，园内引种了300余种荷花水生植物，其中王莲种植24亩，被誉为“水中花王”。

门票：旺季（5月—10月）30元/人、淡季（11月—4月）20元/人。

开放时间：8:30—17:00

地址：相城区太阳路西4575号。

除了荷塘月色里的莲花，沈周村的**太空莲**也是一景。据说，这莲的种子可是在历经3次航天搭载后，才脱胎换骨升格为“太空莲”的，着实不得了。甚有野趣。如果想要一睹风貌，建议自驾前往。

莲蓬上市季节去镇上转转，一般会有摊位摆出，网上同步有售。售价会略高于地产莲蓬。目前太空莲的莲子也被开发制作成手串。生于太空，长于池中，能带在身侧，想想也是极有意味的。

叁

荷叶田田，
湖天一色，
寻常的日子都带着诗意的烟火。
光阴仿佛在这里小憩，
每一道菜都是一处风景，
每一口滋味都成一曲江南。

每一口滋味都成一曲江南。
每一道菜都是一处风景，
光阴仿佛在这里小憩，
寻常的日子都带着诗意的烟火。
湖天一色，
荷叶田田，

薄雾弥漫的那一天
村庄若隐若现
那些将要去到的地方
都是素未谋面的故乡

物联网上闻稻香

和朋友说起望亭镇，对方第一个反应就是：“它是一个发电厂。”

望亭发电厂确实力量巨大，一只大烟囱树在这 2000 多年历史古镇上，承载着周边几个城市的供电任务。可若是你对望亭的了解仅限于此，望亭说它不服。要知道，它如今是相城区唯一被列入江苏省第一批 105 个特色小镇名录的古镇，我们称其“稻香小镇”。

要说起稻田，宋代的老辛就有个概括性的总结：“稻花香里说丰年，听取蛙声一片。”漫步在望亭镇御亭农产园的稻田内，屏息凝神，享受稻穗轻抚指尖的摩挲感，吸收这大地精华的温润度，好像世间万物在此都变成了一个美字。

可是，这里的生态对人以外的生物同样友好。你进去心想着优雅翩翩，出来一定是无数红包，因为稻田里养着无数嗷嗷待哺的蚊子。不过不用怕，望亭镇为此特别开设了一条稻田观赏木栈道，它南起王家港路，北至仁巷塘的沿顺堤河。还有一座观赏楼，在里边，你可以尽情凹造型，组个团拍集体照都没问题，对这个小镇好感度一下子 UP 到心尖尖！

待到梧桐报秋之时，就是一幅稻田收割的丰盛场景，农民戴着斗笠，挑着扁担，拿着收割刀，弯着腰就是干，汗水沾湿衣衫，憨实的背影、爽朗的笑声让每一颗稻

穗都尝到了丰收的甜头。

当然，如今御亭农产园的现代化农业设备非常先进，它依托物联网、云计算技术，智能灌溉、智能监控，再加之倚靠北太湖，地理位置绝佳，所以输出的“虞河蔬菜”又嫩又甜，绿色健康，而“金香溢”大米也是米粒均匀，色泽光亮。拿来煮粥醇厚，做饭更是芳香四溢，它甚至被评为了苏州全民十大最受欢迎的地产大米。

望亭镇上各个人家都有后院小农田，种植的蔬菜、散养的鸡鸭等都是上乘新鲜的食材。于是在望亭，你可以做一个守着一方老灶头的柴火梦了，因为这梦一定能成真。试想一下，夕阳西下的黄昏，太湖上空飞过莺莺燕燕，白鹭偶尔驻足水滩。你吃着湖鲜，品着农家小菜，喝着杯中美酒，望着太湖波澜，身体与灵魂合二为一。酒后再摇上一叶扁舟，晃着岸边的余浪，洒出扎实的渔网，你这个望亭捕鱼人就有些样子了。

恐怕世间再没有如此自在的生活了。

TIPS

2019 年相城望亭稻香小镇入选苏州第二批市级特色小镇。**“金香溢”**大米更是先后拿到了一大堆国家级证书，可以说是众人皆知的“网红”，居家过日子之必备良品。一方水土养一方米。吃惯了外地大米的老苏州，突然又吃到了苏州本地的大米，“以前的感觉又回来了！”

御亭现代农业产业园是苏州市十大农业园区之一，占地面积 2 万亩，拥有万亩水稻良田示范区、苏州市菜篮子工程永久性蔬菜基地。驾车导航“御亭农业园”即可到达；或乘坐公交车 85 路至望亭镇区，转乘 853 路到雨端桥站下车，往东步行 50 米即到。

除了大米，林莓莓草莓园也位于在相城御亭现代农产园内，品种是从苏州农职院引进的脱毒草莓，名叫红颜。个头大，果型好，每年上市季节，来采摘的人常常把车停满了路边。林姑娘的“设施草莓—水稻水旱轮作生态种植”项目在 2011 年第三届江苏省农村青年创业项目大赛中，从全省 700 多个参赛项目中脱颖而出，在决赛中获得一等奖。

是谁在乍暖还寒里诉说不休

TIPS

一年一度的**“阳澄湖畔·油菜花季”**作为相城区每年第一个亮相的旅游节庆，活动相当丰富。2019年的油菜花季以三只小猪和它们的朋友们为主线，倾心打造了春田花花童话岛，让游客畅游花海的同时，也能在小岛中感受童话氛围。在童话岛上，游客可以体验油菜花绘画、草木染等手作项目，过一把制作糖人、糖画的民间手艺之瘾；可以在小岛裁缝铺里参加身材大挑战，在小岛医院中cosplay（角色扮演）小医生；还可以进行风筝DIY、传统投壶等趣味活动。除了莲花岛，望亭农产园也有一大片油菜花田。

看了油菜花，那菜籽油怎么也要带上一瓶走啊。相城有个叫**“澄中香”**的品牌，主产大米，也产少量菜籽油。这款菜籽油原料来自阳澄湖国家现代农业示范区，号称“非转基因双低菜籽油”，这个“双低”是指芥酸和饼粕硫苷含量低。另外冯梦龙村还有一个**古法榨油坊**，真实还原了古法榨油的全过程。

受够了婺源、兴化那些油菜花田煮饺子式的拥挤，莲花岛这片花海无疑能给你带来惊喜。

油菜花，如果只是一小枝，一小簇，便再普通不过，一点都不起眼，更比不得玫瑰的娇艳，牡丹的雍容，但一片花海就不一定了。泥土的清香和油菜的花香弥漫于乡村田园中，一片片齐刷刷、金灿灿的油菜花像一幅展开的巨大绒毯，一直铺到遥远的天边，春风吹过，花浪滚滚。

油菜花质朴，生命力顽强。如果不追求大规模观赏，其实路边、树下都可见到。农民常于农田冬春休耕期间在田里洒上油菜籽，播种后约两个月便开出朵朵黄色的小花。

想和春天来场盛大的约会，总要期待许久。在大地底下沉睡了一冬天的花苗，终于在春天扬起笑脸。从二月陆陆续续看到一抹淡淡的黄色，再到金灿灿的花海，一直到四月还能瞥到。不论邂逅多少次，都是百看不厌。总觉得江南的春景就该是这样，即使有雨，也只是为了淋醒沉睡中的花朵。一簇簇、一片片的亮黄，灿若骄阳，将暖暖的气息洋洋洒洒地散播开去。

水光雾气，明晦氤氲，油菜花海波光粼粼，浸润在一寸寸的欲说还休、乍暖还寒里。

三四月里，不论是在“美人腿”还是莲花岛，只要天好，就能看到新人的身影。置身花田中，淹没你的，是芬芳、是生机。徜徉其中，拍照、闻香是常规举动，就算在里面翻跟斗、踢正步，也是欣喜的另一种表达。

年年看油菜花，却年年都想看，年年看不够。平凡又简单的油菜花，自始至终充满朝气，黄萼托着薄薄的花瓣，开在田野里，描绘着晴朗明亮的春天，带着春天气息的花香，仿佛整个人都被它照耀得通透敞亮。

油菜花开满地黄，丛间蝶舞蜜蜂忙；清风吹拂金波涌，飘溢醉人浓郁香。大地上自然美景的神韵，想来是任何画师都无法描绘的。

愿我如星君如月，夜夜流光相皎洁

西山明月湾、吴中石湖、大名鼎鼎的虎丘，是苏州排名前三的网红赏月打卡地。不过美则美矣，若是年年以同样的视角欣赏月色，难免会少了那么点惊喜。况且，赏月这种事，本就应该在夜半无人之时悄咪咪地进行，若是带上七大姑八大姨一起去，热闹是热闹了，闲适的意境却是一点也没有了。

所以，今年中秋的赏月之地，我选在了较为安静的冯梦龙村。

中秋时节漫步在村子里，夏荷的余味尚未完全消散，金桂正在一点点吐露芬芳。月华如水，整个村落宛如梦境般浩渺澄澈。此时，当找一块空地，最好是荷塘边罢，或坐或躺，反正怎么舒服就怎么来。找到最佳观赏位置后，再以 45 度角往上看：头顶的天空仿若一件硕大的墨蓝色旗袍，月亮是嵌在领口的一颗暖玉盘扣。

愿我如星君如月，夜夜流光相皎洁，赏月是对思念所做的最好注脚。王小波说，我们好像在池塘的水底，从一个月亮走向另一个月亮。而这，或许就是爱了。伴着月光，那个缠绕在心头的人会蓦然浮现在眼前，让你重新回忆起那些温柔岁月。虽已物是人非，好在还有月光抚照，我们总不至于感到孤单。

赏月是件顶快乐的事。

小时候，总以为长大离我们很遥远，转眼却已过了半生。生活的重压磨平了曾经的英雄梦想，我们拼命向前奔跑，却忘了关照自己的内心。所以我们倍加珍惜每一个如月光般温暖的美好瞬间，因为只有它们能陪我们度过往后的漫漫长夜。

人生虽苦，所幸我们还能仰起头

来看看月亮。对月静思，所有执念顷刻间便可抛洒，而后进入到物我两忘的境界，整个人变得通透而轻盈。于是，不禁羡慕那些生活在冯梦龙村的人：能够远离尘嚣，被这样宁静的月色笼罩着，哪里还需要费尽心思去寻找快乐呢?

也难怪，在这种环境中浸润长大的冯梦龙，可以成为一个拥有完美人格的理想主义者。

有人说，游览冯梦龙村，一年四季、十二时辰皆适宜，我深以为然。除了绝美月色，白天的冯梦龙村也很惊艳：清晨，良荡河畔的风吹醒了这片梦里田园，正适合去冯梦龙书院里小坐读书；临近中午，家家户户的灶台旁都热闹了起来，漫步在村子里，看炊烟袅袅，小菜园里的辣椒、紫茄长势喜人，一边流着口水，一边暗想：把它们摘来烹调一定极下饭。

黄昏时分，漫步在冯梗上，可以品尝到村民家里刚出笼的新鲜玉米，咬一口，甜甜的。傍晚，村子里的农家乐都亮起了灯，可以呼朋引伴小聚于此，交流近况、举杯小酌，酒足饭饱，就来荷塘边漫步，枯荷之上还残存着昨夜的雨水，在月亮的照耀下忽明忽暗地，闪烁着剔透的光。

一切都美得不像话。

TIPS

冯梦龙村最大的亮点是占地近2900平方米的廉政文化培训中心。漫步在冯梦龙纪念馆和故居，可以了解冯梦龙一生为官、为民、为文的事迹，品德泽渊源，忆古思今。1000余亩的果园，四时皆有新鲜水果：5月樱桃，6月蓝莓，7月杨梅、葡萄，8月新巷梨、黄桃，9—10月猕猴桃，11月冬枣……可以承包你一整年的甜蜜。

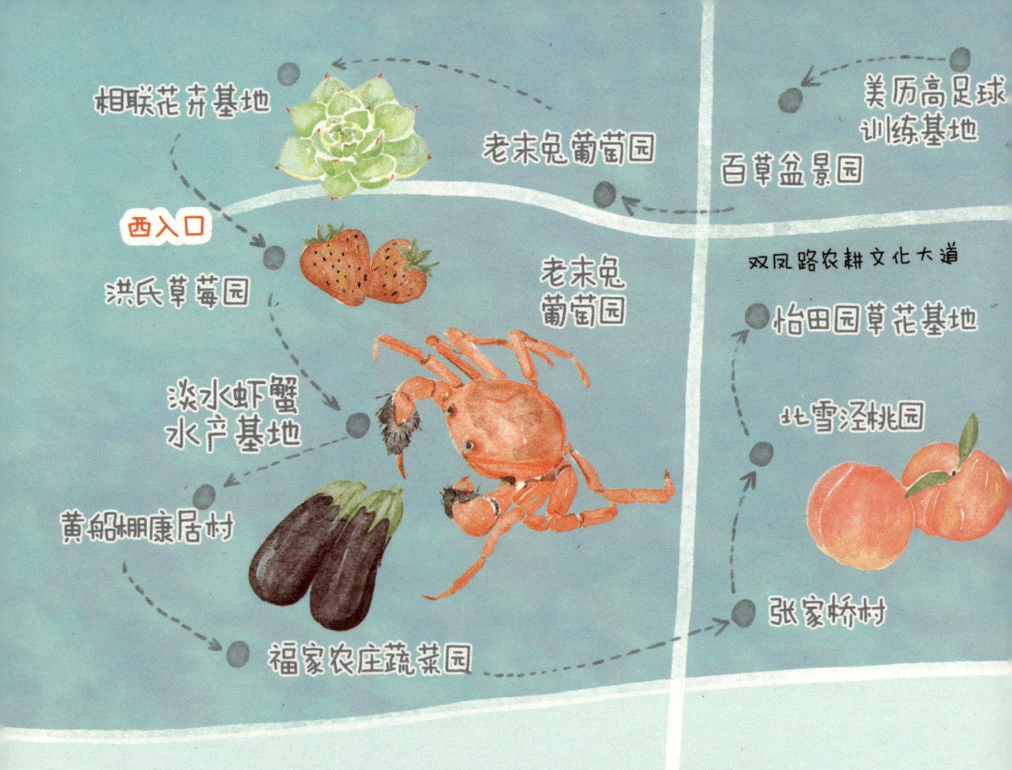

你得把后备厢清空了再来！

以前知道渭塘是因为珍珠——这里是中国淡水珍珠之乡，出产的淡水珍珠供应了全国三分之二的市场。（当然，这不是我要表述的重点。）与这张城市名片的闪耀相比，从这里走出去的名人刘珏则低调得多。

刘珏，正统三年（1438）中举人，授刑部主事，迁山西按察司佥事，做官做到五十多岁就辞职逍遥去了。其间，与吴门画派创始人沈周交往甚密。他年龄大沈周 17 岁，可谓是亦师亦友。因此，很多人认定他与吴门画派有着千丝万缕的联系。五百多年过去了，刘珏的存世画作已不多见，但是在他的故里，一片水乡美景展现在世人面前。

在这里，以刘珏为代言人的现代新农

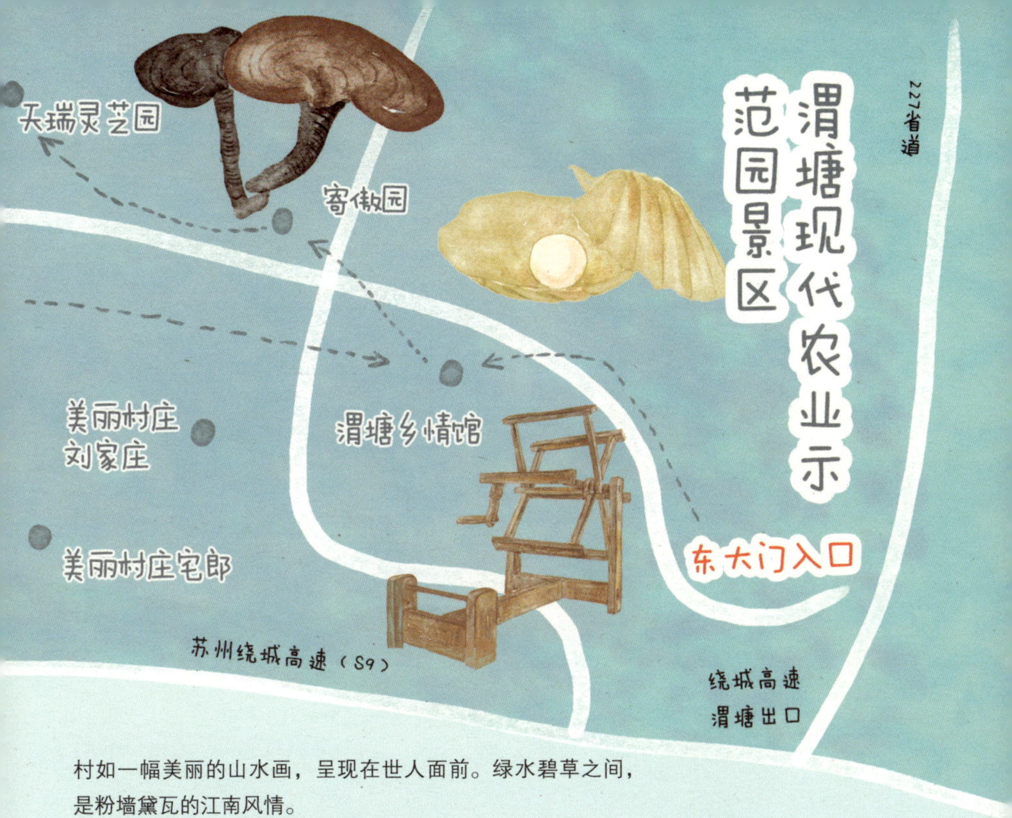

村如一幅美丽的山水画，呈现在世人面前。绿水碧草之间，是粉墙黛瓦的江南风情。

说是农业示范园，其实更像是开放式景区。你可以任意穿梭，旋转跳跃不停歇（当然，我是跳不动了）。我第一次在园里拔不动腿，是因为看到了一位阿婆……和她手中的黄桃。纸袋套好的黄桃，被细心地摘下，分拣后放到泡沫软板分开的箱子里。动作之熟练与温柔平生罕见，对于我这个黄桃爱好者来说，实在难以按住钱包不动。摘完黄桃，阿婆还热情地向我展示了她拣葡萄的技艺，并得意地邀请我品尝一下——果肉饱满，鲜甜多汁。就这样，两个小时后，我依次被园子里的阿婆“套路”之后，后备厢满了。

我是乐意的！

TIPS

渭塘现代农业示范园建于2009年，占地面积1.068万亩。由核心区、示范区和拓展区三部分组成。按照农业与文化、旅游、科技融合联动发展的总体思路，园区将规划建设为省级现代农业园区、省四星级乡村旅游示范点和省级青少年科普基地。2015年11月，渭塘现代农业示范园被市政府认定为苏州市级现代农业园区。

来 排排坐吃果果

相城有那么多农业园，采摘活动自然也不会少。在这里，时间的划分不再是朝九晚五，而是春华秋实。有人替你播下一片江山，等你来收获。

我叫小南瓜（有一同期兄弟叫小黄瓜），在**4月—11月**，出生地在**渭塘现代农业示范园**

樱桃，**4月下旬**，**望虞人家生态园**

我乃西瓜君，**6月—9月**，**“美人腿”生态农业园**

寿桃，**6月**，**漕湖生态百果园**

请叫我番石榴美眉（有一死党叫新巷梨），**10月**，家住**冯梦龙村**

小番茄，**5月**，**御亭农产园**

草莓雀斑女郎，**1月—5月**，**御亭农产园**

黄桃，**8月中旬，冯梦龙村**

蓝莓，**6月中上旬，**
望亭禾木田蓝莓果园
冯梦龙村

我乃秋葵君（内人冰草），**全年，“美人腿”生态农业园**

猕猴桃，**9月，**
冯梦龙村

黑莓，**6月下旬—7月下旬，**
漕湖生物农业产业园

大翠冠梨，**7月中旬，**
漕湖生态百果园

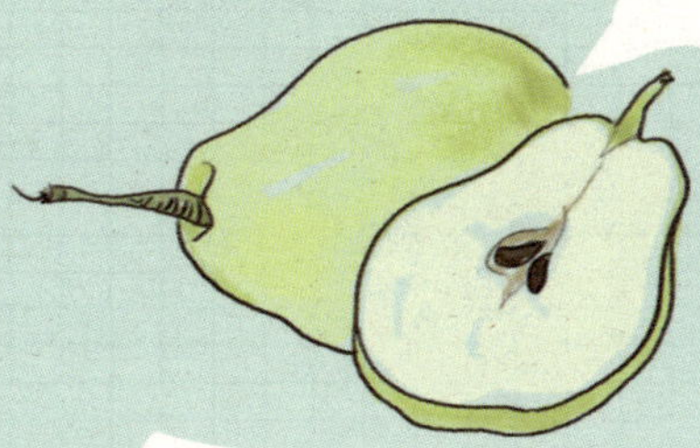

超生家族——葡萄，**7月，冯梦龙村、**
浒墅现代农业示范园

杨梅，**6月中下旬，**
冯梦龙村

苏州的蟹
是让人相当痴狂的
除了六根清净到了极致的唐僧
估计谁都忍不住

说实话，我恨大闸蟹

张爱玲说人生三大恨：一恨鲥鱼多刺，二恨海棠无香，三恨红楼未完。其实这不是才女的原创。古代文人都喜欢做这样几大恨的文字游戏。不过，不管谁做的几大恨，鲥鱼多刺都是其中之一。搞得鲥鱼自己都不好意思了。

而我，最恨大闸蟹。

要我来说，第一大恨就是螃蟹多壳。

好好的东西，干吗搞得那么复杂。香甜肥腴的膏黄，偏偏里面还有个蟹和尚，得挑出来；鲜嫩可口的蟹肉，非得一丝一丝夹在细小的壳里面；难得钳子上还有大肉一块，结果防守也是最森严的。

小时候吃螃蟹，愤怒起来我就混乱大嚼，每每母亲都要大骂我暴殄天物。当然，骂完了就会不厌其烦地为我示范怎样吃。

说起来，我母亲算是吃螃蟹的能手。小时候住在水乡的她，吃螃蟹都是论串的。以至于后来，她的胃对螃蟹有了反抗情绪，一吃就痛。结果二三十年，我母亲都不能吃螃蟹，只能为我出螃蟹肉，顺带还有我父亲的。父亲生长在川地，对于吃螃蟹的爱好是回到家乡苏州才有的，后来这种爱好一发不可收拾。当年祖父母在堂时，家境相当可以，父亲手头也很有钱。一次出差到附近小镇，午间正赶上小饭堂吃螃蟹。父亲豪气万分地购得大螃蟹多只，让店家出黄出肉，来了好大一盆炒蟹粉。这滋味，父亲平生难忘。每每吃到螃蟹，父亲都要拿出来回味一下。

读书后，突然对吃螃蟹有了很大的兴趣。原因是读书读多了，突然发现吃螃蟹居然很文雅。去翻文人的书，关于吃螃蟹的事情多到不可胜数。而且，**好像越是有文化的，越爱吃螃蟹。我很想有文化，只好学着吃了。**

苏州的螃蟹天下闻名，最著名的是阳澄湖大闸蟹。每每到了金秋十月，阳澄湖周边的车队都是长长的，全是慕名而来的吃客。据说阳澄湖的螃蟹好，那是因为湖底平坦多沙石，而且无淤泥。螃蟹在里面快活地来来去去，肚皮雪白，肌肉丰满，吃起来还有甜味。

不过，近几年要吃阳澄湖的正宗螃蟹是越来越难了，最简单的分辨方法是认准大闸蟹钳子上的防伪“戒指”，最刁的分辨方法是吃，行家能品出那微小的鲜甜味区别。

我个人对于螃蟹出处并没有太多歧视，吃哪里的螃蟹本来就差不多。不过在阳澄湖的船上买刚捞上来的蟹，有种天然的仪式感。一口气买下蟹农的劳动果实，回家烹煮，然后拿出珍藏的蟹八件，仔细分解，细细品尝。此乃人生一大快事。

TIPS

一般讲起来，这**阳澄湖大闸蟹**有四大特点：青背、白肚、黄毛、金爪。这家伙的爪子特别有力，放在玻璃上它也能迈着稳健的步伐快步行走。正宗的阳澄湖大闸蟹吃上去味巨鲜就不说了，还带点甜，也不需要和吃其他蟹那样，非得又吃醋又吃姜，吃它不用。

阳澄湖一年四季都不会亏待吃货

我是肉食主义者，但对于江河湖海里的东西，兴趣其实一般般。可是偏偏长在苏州，再一般般的兴趣也被培养出来了。

水八仙也好，湖八鲜也好，其实就是个名堂。也不知道这个是谁想出来的，大概是凑成八个，吃起来都比较香。

阳澄湖的八鲜是：菱角、莲藕、白鱼、河鳗、清水虾、鳜鱼、甲鱼、大闸蟹。一看就知道，排这个的肯定和我是同道好友，六荤两素，看上去就觉得合理。

菱角算是零食了，入菜也就是荷塘小炒里能见到。江南一带的菱角很好吃，又甜又脆。生的可以当水果吃，那股清新的鲜甜味，一下子就到位了。

莲藕做法就多了。糯米塞藕，配上桂花糖水，这道菜什么时候吃都有江南的味道。还可以用来炖排骨，这种做法大概是湖北一带的，不过莲藕炖排骨味道清新可口，和其他配菜炖出来的有天然不同。

白鱼和清水虾是苏州一带常见的东西。白鱼用清蒸，只要新鲜自然就鲜美无比。当然也有一种腌制时间很短的白鱼，风味也很特别。清水虾个人推崇的做法还是传统酱油虾，要先过油炸酥，再下酱油

烧制。盐水河虾虽然风味天然，但是酱油做法更加鲜美。

河鳗最肥美了。黄焖河鳗，加入大量蒜头，是最好的制法。脂肪含量很低，蛋白质爆表，实在是养生的好东西。

鳜鱼刺少肉鲜，是河鲜中比较受欢迎的。最好的做法还是蒸，加几片火腿上去，味道绝对美极了。

甲鱼就有点不同了。苏州人讲究吃菜花甲鱼，也就是不能太大，小小的一只才好，这是传统苏式的讲究。事实上也的确如此，那种甲鱼无论是肉质还是味道都是最上乘的。大个的虽然肉多，但是未免柴了些，鲜美度也是不够的。当然，拎着一只巨大的甲鱼，号称野生的，这种自然信不得，多数是养殖的出来混个脸熟。现在想要吃口野生的，有那么容易吗？

最后一个是阳澄湖湖八鲜的点睛之笔——大闸蟹。这个我不想说了，要是连这个都不知道不明白不清楚，那还算什么吃客呢？

TIPS

阳澄湖是江苏重要的淡水湖泊之一，近三分之二的水域都在相城区境内。“美人腿”和莲花岛呈佛手状伸入阳澄湖，将12000公顷的湖面分为东、中、西三湖，水质澄清，美翻了。阳澄湖盛产70多种淡水产品，相城区在2008年被中国烹饪协会授予“中国阳澄湖**湖八鲜**美食之乡”。所以，并不是只有秋天才值得来，阳澄湖一年四季都不会亏待吃客。

百姓茶馆

兄弟，我干了，你随意

相较于普通人，精致的茶人喝茶少了许多随意的乐趣。

若你走进一个雅致的茶室或者某个文化人的家中，不等上几分钟是断断喝不到茶水的。等待的流程一般是这样的：首先，你会看到一套精致考究的茶具在你面前依次排开；然后，不知名的茶叶被一个镊子状的工具从罐子里取出、丢进壶中；最后，被冲泡好的茶汤又会从一个容器跑到另一个容器中去。

整个过程中，冲茶之人一定会不急不躁，一边泡茶，一边还能语重心长地讲解：水的温度要适宜，不同的茶叶先放后放有讲究。此时，你虽唇焦口燥，也只能默默咽口水。等到眼睁睁看着一壶茶被泡好，到手里却只剩了一只瓶盖般大小的杯子，你正准备连喝三杯，却忽然被主人呵斥住，要求先闻闻茶香再慢慢品。嗯，仪式感“杠杠的”，可一连品了好几种茶，还是感觉很渴啊！

在我看来，喝茶最首要的功能就是解渴。口渴难忍的时候，如果要经过那样复杂的流程才能喝一小杯茶水，我恐怕早就渴死在半路上了。因此，还是有烟火气的茶馆合我胃口。

有烟火气的茶馆，一般藏身在同样

有烟火气的巷子里。顺着小巷一路走过去，看到卖水果的小店、美甲美容店、裁缝铺、猪肉铺，七七八八堆叠在一起，浓稠的样子像极了生活本身。走进茶馆后，随便捡个座位坐下，二郎腿一翘，说声“小二上茶”，然后也不管它是什么茶，端起一饮而尽，这才够爽！这才有味！

位于阳澄湖度假区渔业村的“百姓茶馆”，就颇具烟火气。由于本地村民一直保留着喝早茶的习惯，百姓茶馆每天早上5点半就会开门迎客。渔业村村民们一天的生活，便从这里开始。这个茶馆和它的名字一样接地气，简单的纸杯配合着当季的新茶，只要你愿意，就可以呆上一天。歇歇脚、喝喝茶、掼掼蛋，水乡老百姓的生活本就是如此惬意。

有的时候，村民们来茶馆也不仅仅是为了喝茶。别看这个茶馆的外观看起来不太起眼，这里可是获取渔业村新鲜资讯的重要枢纽，由村里德高望重的老人充当“掌门人”，这里就自然成了村民们公认的“娘家”。每当遇到自己解决不了的问题，村民们会习惯来茶馆里聊聊，喝喝茶、吐吐槽，心事该过就过，没什么大不了。

TIPS

百姓茶馆坐落于苏州市阳澄湖生态休闲旅游度假区中心街（原度假区卫生院），是一个集喝茶聊天、政策宣讲、矛盾纠纷调解、社情民情征集、党员服务群众等于一体的多功能开放性公共场所。茶馆激发了广大群众主动表达思想情绪和利益诉求的热情，让国家政策得到宣传、群众反映的问题得到解决、群众的精神文化生活得到充盈。

鸡汤碗，沈周的待客之道

TIPS

鸡汤碗这道蒸菜会根据时令变化调整一些辅料，但大体的味道是不会变太多的。按当下健康养生的饮食标准来说，这道鸡汤碗绝对符合新时代少油少盐、原汁原味的饮食特点。到了渭塘，几乎大小饭店酒家都能吃到这道名菜，隆琪大饭店的出品一直很不错，价格在45元一碗。苏州一些老字号的苏帮菜馆也能觅得。

中华料理的魅力一半在菜里，另一半在菜名上。夫妻肺片不是恐怖血腥的案发现场，宫保鸡丁也和皇宫太监没啥关系，松鼠鳜鱼更是不见松鼠的影子……虽然这些个名扬四海的大菜有些“名不副实”，但是相城这鸡汤碗倒是名副其实。

这是一道在渭塘无人不知无人不晓的名菜，但凡婚丧嫁娶、红白喜事，宴请大小来宾，桌上都必定少不了这道热气腾腾的硬菜。第一次听说这名字，脑海里浮现的是香港出了名的公鸡碗，愣以为鸡汤碗十有八九也是个地方工艺品，但万万没想到，探得鸡汤碗真面目之时，我的哈喇子流淌了一地。

鸡汤碗，顾名思义，有鸡，有汤，还有碗。当然，它的内涵还远不止这些。一般情况下，一道上好的鸡汤碗标配以碎肉皮垫底，鸡肉、精腿肉、火腿、走油肉、熏鱼切片，如果是春天就配点冬笋片，夏秋之际就配点菌菇木耳，码齐了在大碗里摆个刀面，撒上干贝、开洋和白果干，一大勺鸡汤浇个通透，然后上锅大火蒸一刻钟即可。所以，鸡汤碗实际是一个地道的蒸菜。

鸡汤碗的发明者是相城地区的老百姓，推崇者是沈周这位艺术家。相传沈周带学生在村落里写生，突然一阵香气飘过来，香到师生无心画画。闻香寻去，找到一户正在生火做饭的人家。主人是个上岁数的老太太，还是个正在过寿的老太太。她的八个子女为了给老母亲庆生，每人选了一种食材，总共八个凑齐了这一碗香气扑鼻的鸡汤碗。有荤有素，又鲜又嫩，不油不腻，美味可口。沈周吃了异常开心，立马私藏。之后，他的好朋友吴宽每次去他家串门，沈周都会端出这道鸡汤碗跟好友分享。有了名人的加持，这道菜算是传开了。

其实，这一大碗美味叫什么都无妨，用什么碗装也无所谓，味道好才是重点！鸡汤本就是鲜的代名词，再加上诸多极鲜的食材，荤素搭配后加以蒸煮，在蒸汽的作用下将食材的精华都凝结在鸡汤里，光是想想就能知道这一口汤汁得多么鲜甜！所以来渭塘，一定要干了这只浓郁香醇的鸡汤碗，是喝汤不是吃碗。

小吃里的小确幸

小吃是“会儿”一般的存在，万能牌，啥都能当。饿了能填饱肚子，饱了也能解馋。有时间就坐下来慢慢品，没时间就带路上大口嚼。大餐是生活里备受期待的仪式，小吃则是生活里不期而遇的惊喜。推荐几家相城人气小吃店，看你能不能从中找到符合自己口味的小幸运。

油条

弄堂生煎

种类齐全的小吃店，有馄饨、豆花、生煎、油条、鸡蛋饼、萝卜丝饼、牛肉粉丝汤等，基本上想吃的都有。客人多，好在位置也多，不怎么需要等。还是蛮羡慕住在周边的人，有口福。

地址：阳澄湖中路19号。

渭塘大团子

萝卜丝大团子是苏州十分地道的民间小吃，清代袁枚的《随园食单》中就有所记载，做法上和如今稍有不同，除了水煮，似乎还可以油汆了吃。相城这边就直接管它叫渭塘大团子，渭塘人家的主妇们几乎都会做这道过年必吃的点心，饭店酒家的出品也都很受欢迎。其中渭塘酒家的大团子人气最高，年节前后的预定量相当惊人。

地址：相城区太平镇兴太路260号。

四季楼糕团

很多人一天的甜蜜，都是从这里开始的。店主夫妻二人经营的这家糕团店虽然面积不大，但糕团种类却十分丰富，萝卜丝团子、蜜糕、玫瑰圆松、桂花糖年糕、八宝饭等应有尽有。值得一提的是，店主二人是老字号明月楼的师傅的门生，难怪能够做得一手好糕点！当地不少人家家里有喜事时，还会提前上门预定糕团。

地址：蠡瑞路11号。

电厂卤菜店

转真爱粉的一条评论：记忆中，逢年过节的时候，家中餐桌上总是摆满了他家的卤味。有爷爷爱吃的猪头肉，肥而不腻，隔水一蒸，香气就飘满了整个屋子。老妈独爱他家鸡爪，一个接着一个，一边看电视一边能吃上好多好多。现在有了宝宝，小朋友最喜欢刚出炉的鸡腿，徒手抓起来就是一顿啃。钟情四代，天天都要吃卤菜。

地址：齐门北大街116号。

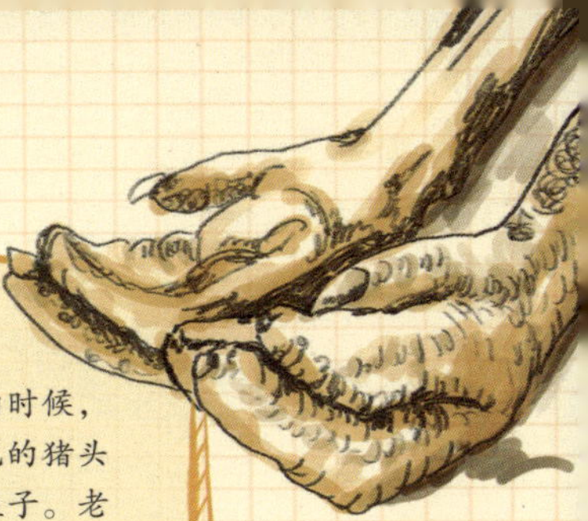

鸡爪

生煎

锡兴源无锡小笼

从装修来看，这家店不能算苍蝇馆子，环境还是很敞亮干净的，算是相城区数一数二的无锡小笼包店了。招牌小笼，汤汁很多很甜，肉也新鲜。配一碟香醋，酸酸甜甜好味道。早上6点就开门，人均不到20元。

地址：澄和路与润元路交叉口，香城花园三期。

小笼包

媛媛家秘制鸡丝凉皮

作为一个柔弱的女子，一份不够吃，两份刚刚好。凉皮和凉面都好吃，配料充足，有时凉皮吃完了，黄瓜、鸡丝、胡萝卜还在。

地址：澄和路与春申湖路交叉口。

鸡丝凉皮

肆

历史在这里传说，
仿佛又从未走远，
你说人生本就是马不停蹄的相遇和错过，
新鲜的阳光铺过来，
我想在这里陪你散散步。

历史在这里传说，
仿佛又从未走远，
你说人生本就是与不停歇的相遇和错过，
新鲜的阳光铺过来，
我想在这里陪你散散步。

关于『太平盛世』，它最有发言权

TIPS

太平老街在相城区太平街道，形成于南宋，由太平街、南浜、九思街和北浜南、北岸组成，总长675米。太平老街的总体格局基本上维持了原有式样，济民塘两侧清末民初的古宅第（王宅、邢宅、华宅）院落结构完整，遗存建筑良好。老街上的住户不多，名人也有，宋朝大官王皋就曾住在这里，宋时的王氏宗祠及古银杏树也遗存至今，十分珍贵。

老街历史街区的总面积为285亩，是太平书镇建设的重要载体。太平书镇主要包括展示、文创、承接三个基地，而老街就是书镇的展示基地。太平书镇以书为载体，把江南水乡太平打造成历史与现代交融、产业与人文并美的书香氛围特色小镇。

太平禅寺位于太平街道黎明村北浜北岸利民桥堍，于20世纪后期重建。寺里的千年古银杏极为有名。每到佛陀及观音生辰或初一、十五，周围的信民们会来此烧香拜佛，还会在殿前露台上表演舞龙灯、打莲湘、打腰鼓、荡湖船等民间文艺活动。舞龙队是由周围的乡亲们自发组成的，但是舞得极好。赶巧的话不仅能看到热闹的舞龙灯，还能吃上庙里无限量供应的长寿面，岂不美哉！

老街上的**王皋故居**，免费。正厅挂着“槐庆堂”的匾额很有意思，“槐”字是没有上面那撇的，据说是不想写出“鬼”字。对历史感兴趣的小伙伴可以去看看，那里保留有新四军“江抗”部队叶飞与胡肇汉的谈判遗址。

葫芦岛在太平街道的东部，紧靠着阳澄湖的西边，属于湖西岸。沿着路进去，就可以看见一个超级大的葫芦雕塑，葫芦上端坐着一个老人，下端坐着一个孩童。老人手里握着酒葫芦，陶醉其中；孩童手中握着一只螃蟹，可是却对着老爷爷手中的酒葫芦露出了羡慕的神情，喝酒的没醉，馋酒的倒是先醉了。

地址：苏州市相城区太平街道阳澄湖畔，离苏嘉杭高速公路相城道口2公里，距苏嘉杭高速公路阳澄湖西湖服务区仅1公里。

见多了古镇，逛多了老街，印象里该有的模样，在这条只有 675 米长的街上，却一丝一毫都没有遇上。要说它短吧，我来来回回走了半天还不尽兴；要说它长吧，抬眼就能望到边，开嗓就能喊到人。就是这样一条说长不长、说短不短的老街，用它 675 米长的距离，丈量出了一代又一代人成长的长度与深度。

老街很老，斑驳的墙壁上是一寸又一寸剥落下来的皱纹，如果岁月可以留存，不知这剥落的是谁的皱纹？是从砖瓦搭起的窗户透出调皮笑脸的你，还是在门槛上端坐着连神情都染上温软情调的他呢？

不是，都不是，那是在灯火下，将自己的寂寞映照在篱笆墙上的老母亲的皱纹。她把思念种下，然后守着这一寸芳土，将爱编织成淡淡的温暖，期待着下一次冬天的到来，为你披上这暖洋洋的时光。原来，这老街的风景如此静谧，不为烫平外来游人的心，而为烫平这等着晚归游子的老妇藏着的心绪。

老街的小巷不弯也不窄，我就这样拿着一把旧钥匙，敲着厚厚的墙。敲着敲着，有门开了，有窗亮了，小巷的傍晚到了，老妇人说，该吃晚饭了，是豆

角好呢，还是菜花好呢？是米粥好呢，还是馒头好呢？是我煮的好呢，还是外面的好呢……

好，都好，豆角有豆角的清脆，菜花有菜花的香甜；米粥有米粥的软糯，馒头有馒头的韧劲儿。外面的菜千变万化，尝鲜的时候总有，不忍舍弃；家里的菜千篇一律，厌倦的情绪常来，却忍不住回忆。在老街上坐坐，总觉得是坐在老家的石板凳上，就这样坐着，不动也不回想，让时间在身后飘荡，就很好。

675 米，走一趟，没有几步，可多走几趟，步数越走越多，停留却越来越久。街上的小土狗撒欢叫着，喊一声“好狗不挡道”，它依旧大咧咧躺在路中间，不会挪动半分，你没办法，只能从它身边灰溜溜地走过。一旁的小毛孩子，大笑着抱起它，连带着一窝狗崽子，赖在青石板上，贪婪地晒着午后阳光。

总有住在这里的大爷对着隔壁剃头的邻居劝上两句：“老哥儿，你就别再剃了，头发已经够稀疏了。”

岁月这把杀猪刀，却没能把美好的过去，削到半秃。

树和古宅一样老
花和娃娃一样小
早也好 晚也好
静也好 动也好
你们在 就好

微醺的是岁月，不老的是老街

平静的岁月固然安稳，可终究过于平淡，冲不走、淹不没胸口跌宕的块垒，需要借助外力来个加速度，体会不曾有过的起伏。古镇的桥便有这样的魔力。在桥中心站定，凝神目送逝水，便不知今夕是何夕。

此刻站在黄埭老街的中市桥上，依稀可见古镇的繁华。古时的黄埭，三里长街店铺林立，千叶小舟云集，八方商贾过往，好不热闹。据记载，全镇曾有各类商店 303 家。烟杂店、茶馆、酒馆、布店、戏馆、银匠店、缝纫店、箍桶店……应有尽有。其中又以中市桥一带最为繁华，因此中市桥得名“兴隆中市桥”。

老街上的民居临河而建，多为清朝和民国建筑，皆是粉墙黛瓦，石埠错落有致。如今河两岸依旧住满了居民，老街的生活安逸又不乏情趣。时不时有爽朗的谈笑声从里屋传出，也有保持一个姿势不动看上半天书的阿爹引人注目，在棋盘上厮杀的棋友们沉浸其中旁若无人。低矮的房屋上头蹲着三三两两的猫咪，也不怕人，半眯眼打瞌睡，你以为有可乘之机想要上前“虎摸”一把的时候，它前腿一跃，跑了！

中市桥西边第一户人家做着绿植生意，沿河摆满了陶瓷盆。侧面的屋子敞开着，绿萝、铜钱草、富贵竹……大大方方摊在地面上，顶着热爱植物人设的我探了半个身子进去，随即发现了新大陆，呼朋引伴（也就三位）：“有含羞草，你们快来看！”等到小伙伴就位，摄影师大柚子老师举起了相机，我伸出胖胖的手指戳向“含羞草”孱弱的叶片。一向敏感且一戳就要收敛起来的叶子此刻居然一动不动，我不死心又戳了几回，事情并没有转机，显然是闹了乌龙。随行的还有我的直属领导，气氛瞬间凝固，眼看我即将遭遇职业生涯的滑铁卢。

好在大家的注意力很快又被文具店门口的田园犬所吸引。听见我们夸狗脑袋长得周正，店主不顾满屋子的顾客跑来跟我们闲扯。店里叽叽喳喳的声音中带着兴奋和憧憬，不远处萝卜丝饼摊的香气四处飘散，新学期又开始了！

TIPS

早在上世纪 80 年代，**黄埭**就与木渎、浒关、甪直一同被称为苏州四大古镇。有一阕唱词记录了黄埭的繁荣景象。

《黄埭十八景》

世外桃源足自豪，黄埭小镇乐逍遥。
宜人景物知多少，古迹重重仔细瞟。
三层牌楼今尚在，小桥杨柳间枝桃。
万笏朝天高墩上，卖度乡人闹一朝。
威灵显赫庄严相，双竖旗杆城隍庙。
金钩钓鱼兴国寺，钉铬栏杆香花桥。
仙人脚印洪墓桥，此地兴隆中市桥。
塔桥狮子眯眯笑，千年古柏三间庙。
香水浴堂老芳桥，沪渎渔舟落水篙。
分水墩相对龙王庙，安桥浜内出多娇。
壕场角好一片荣华地，千总衙门去落了。
行过了桂香桥，文昌阁上小会考。
相思坝子建造，遗爱在人道义高。
庙桥望月无双比，黄埭荡内起波涛，岁岁来迎福来招。

黄埭老街不远处的东桥是有名的“象棋之乡”。不仅拥有业余象棋普及队伍，还有成人、少儿 2 支象棋骨干队伍，东桥中心小学还专门开设中国象棋课程。从 1996 年起，这里每年都要举办千人象棋大赛。

评弹书场，黄埭人的社交场

评弹自然是听现场的好，陶文瑜老师曾经评价电视书场为“装在罐头里的评弹”，这形容实在贴切。就像在主妇眼中，生鲜超市里被保鲜膜里三层外三层裹好的蔬菜总是比不过一大清早菜市场里卖的，这也是书场受欢迎的原因之一。

“说书跑码头，能过黄埭关，就算有本事了”，这话是评弹名家严雪亭说的，足以见得黄埭人对于评弹的喜爱之深。历史上的黄埭镇是有名的书码头，有“苏州小光裕”的美称，最兴旺的时候有过九家书场，如今只剩黄埭书场一家。

评弹是门艺术，两方对战的兵荒马乱，才子佳人的浓情蜜意都靠语言来表达，三弦和琵琶的加入将氛围烘托得恰到好处。一位穿长衫，一位穿旗袍，评弹演员被大家称为“先生”，他们身上自有那么一股子“派头”，往那儿一坐，都不用出声，便能让听众安静下来。

黄埭镇不大，书场的人气却不低，甚至有时去晚了还没有位置。听书的习惯一旦养成，便很难戒。一场书要说一个月左右，落了哪一天都有遗憾，加上书场里听书的大都认识，早已成了老朋友，哪天不见，彼此都惦记。

往往开场之前一两个小时，大家就提着茶杯朝书场走，聚在屋檐下闲聊成了听书额外的享受。**等到天下时局给他们分析透了，古往今来的坏人也骂尽了，老同事的近况都捋了个遍的时候，当天的评弹也在三弦、琵琶的弦索叮咚中开场。**

TIPS

黄埭书场位于黄埭老街中市路38号。书场往西是清朝时期本地乡绅朱福熙的宅院熙馀草堂，二路四进的院子中设有黄埭评弹陈列馆。馆中陈列着百余张珍贵老照片和著名评弹演员用过的乐器、服装，记录了黄埭书场的百年历史。

黄埭书场收费2元，含茶水，每天下午1点开场。

旧时光，你慢些走

在一片小型停车场后，转两个弯，就到了老街。

第一次踏上湘城老街，有一种莫名的熟悉的亲近感。这种感觉来自木结构的房屋、路边的青苔，以及老街上的生活状态。铜匠店、棉花店、理发店，这些如今书本上才能见到的老店，在这里依然鲜活，依然是生活必需品。理发店里，每一样物件似乎都比我们年长。锈迹斑斑的老式理发凳上还刻着出厂单位。今年74岁的朱老伯从十几岁就开始学理发，这几张凳子从他学徒开始就在了，师傅传下来的，现在觅不到。

几十年前，这里是最热闹的地方，全镇的人们，为了衣食住行，往来于斯。两街之间的那条宽阔河流，在当年可是交通要道，船只停满两岸，中间往来穿梭。在老人的回忆里，这里，依旧一片繁华。

每座城市，都有属于自己的历史。老街，就是聚集这些历史的地方。踏上老街，触碰到每个角落，你都应该有一种穿越的神奇体验，有一种对历史的敬仰，对岁月的敬畏。人们之所以爱去老街，一定是热衷于在历史与现代间穿越所带来的生命体验。

老人回忆中的繁华，我们至今仍旧触手可及，它与生活相互交融。

老街之老，在于经过沉淀的生命力。老而不僵，老而深沉，老而延续。**老街之韵味，不在于修旧如旧的外表，而是岁月痕迹的自然流露**。

这里需要保护，但我庆幸这里尚未开发。否则，奶茶、鱿鱼串、臭豆腐会随着人流，将这里的一切生动淹没。愿老街的居民，世世代代守护着他们生活中的惬意与智慧。让老街的灵魂，能被后来者触碰。

真正的老街，非商业之街，是生活之所。

TIPS

湘城老街由中行、河东、河西三条街构成，河西街（今镇南、镇北街）有临水民居老屋，多数老屋临水建在石驳岸上，也有把立柱建在水中桩基上或挑出的条石上。

中行街（今称人民街）东起三马桥，西至济民桥东堍。街东首有东岳行宫（圣堂庙），西端有纪念清河内史陆云（字士龙）的济民桥，1970 年因拓宽市河，拆除重建，易名团结桥。街北侧后弄底内史祠堂（陆云土地庙）存徐有贞撰《陆云土地庙记》碑、施兆麟撰《重修记》碑刻各一方。内史祠堂后有姚广孝重修的妙智庵。

湘城老街现为相城区文物控制保护单位。

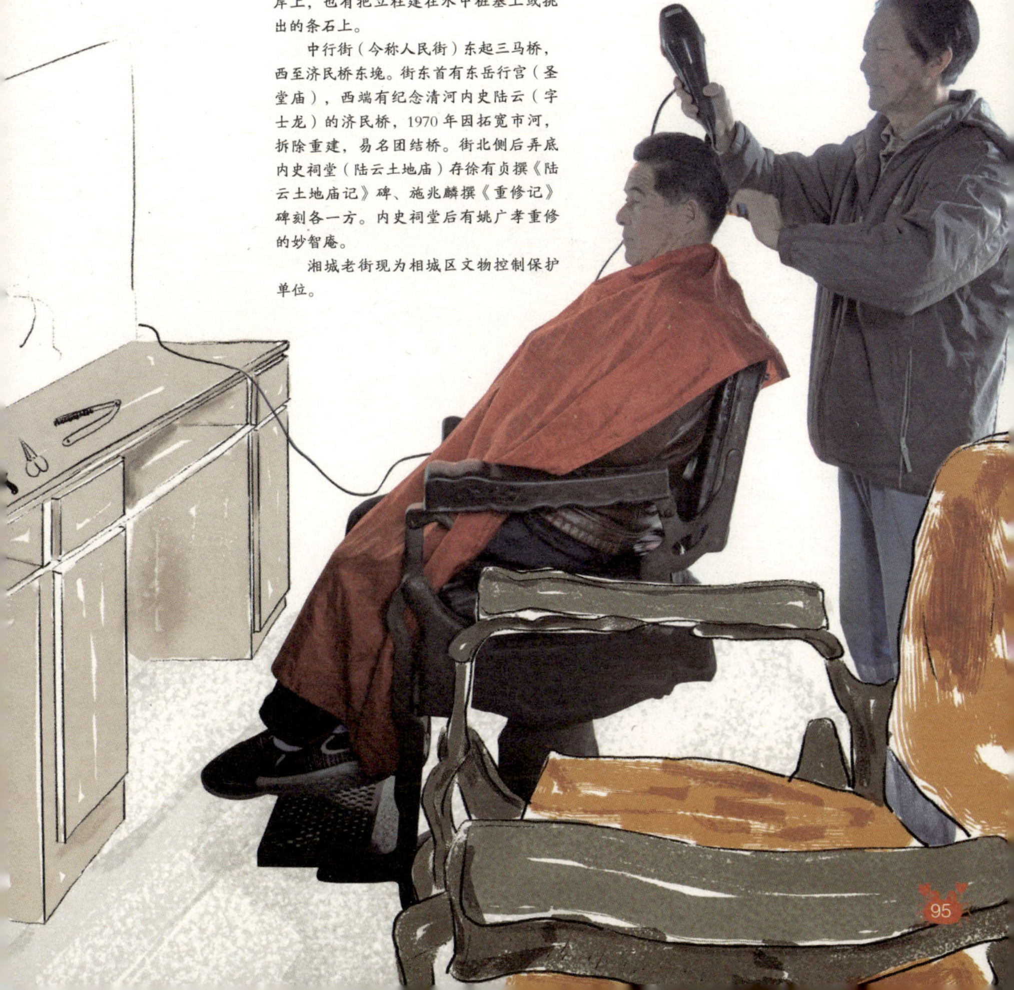

那些年，跟风雨一起走过的老街

湘城老街

湘城老街沿济民塘而筑，主要街区有河东街、中行街和河西街。有几处清末民初的建筑以及一些文保单位：观桥、灵应观后殿、妙智庵旧址及明御祭姚广孝文碑、湘城粮仓。

消泾老街

消泾老街是阳澄湖镇的另一条老街。老街26号门楼古色古香。当年，它是新四军江南抗日义勇军（简称“江抗”）驻消泾办事处驻地，也被誉为苏常太抗日游击根据地最可信赖的交通联络站之一。目前这里是“阳澄湖地区抗日斗争史迹陈列馆”，对历史感兴趣的小伙伴们不妨去看看那段红色历史。

黄埭老街

黄埭老街，似一位长者，见证了黄埭的历史变迁。据说，老街上的房子，年龄都在120岁以上，留守的大多数是年长者。黄埭老街全长1372米，以河渎桥为中心，分为东街与西街。名噪一时的“黄埭十八景”就分布在附近。可惜，除了熙馀草堂、香花桥、洪墓桥遗址、兴隆中市桥之外，其余已经旧迹无存。

陆慕老街

陆慕老街南北向，南起宋泾桥，北至北桥，全长近2000米。以元和塘为中轴线，临河建街。陆慕元和塘岸，现存三条老街，分别为南街、中街、北街。陆慕北街曾经相当繁盛。然而如今的北街已呈老态，变成了纯民居的一条街。老街附近有着清光绪年间重建的南桥以及其他的遗存旧址。

太平老街

太平老街形成于南宋，因宋太尉王皋南渡定居于此形成。东濒阳澄湖，整个街区沿济民塘两岸傍水筑宅。值得一看的是利民桥头那棵古银杏树，需要3个半成年人才能合抱。外来的朋友还可以去荻溪文史馆看看，一座古朴的建筑，门头还保留着“中国人民银行”的石牌。王皋故居和“荻溪仓”旧址也都在这条街上。

望亭老街

望亭老街位于望亭桥西侧，两侧保存有数处商住两用建筑。大多建于清末民初时期。部分建筑因长期无人居住和维护，已出现坍塌。但仍能看出望亭老街曾经的热闹。

娃娃一开口，便知有没有

说到北桥街道，不得不说北桥尤家。尤家在北宋绍圣年间出过观文殿大学士、兵部尚书尤辉，在明洪武年间出了湖广布政使尤义，在明万历年间出了个尤侗，是个大戏剧家。

尤侗是个戏曲狂热分子。尽管他官做得不错，但因为爱好写曲，引起领导的不满，被抓了小错罢官。不过，大 BOSS 顺治皇帝却挺欣赏他，点赞他用《西厢记》改编的八股文，并评论其是“真才子”，把他写的杂剧《读离骚》交内廷演出。继任 BOSS 康熙也很欣赏他，接见他时，见 61 岁的尤侗白发银髯，便称他是“老名士”。

人杰地灵，尤侗这位大票友，只是北桥戏剧迷的一个缩影。北桥还出了近代著名滑稽戏演员笑嘻嘻（阙殿辉）、笑声咪（阙荣生）等。北桥也被称为“戏曲之乡”。

北桥这个“戏曲之乡”说来也怪，不演苏剧，演锡剧，说着苏州话，爱着锡剧。这样的口味是怎么形成的呢?

这和北桥街道的地理位置有关。北桥向西直接与无锡相连，锡剧就顺着江南的水流进来了。北桥人还自编自演了《君臣游苑》《红木牛》《追鸡》等锡剧来满足自己的戏瘾。

北桥街道的南桥西街城隍庙内，有个古戏台。

庙里为什么会有戏台呢?《东京梦华录》中有解释，二者同建，是为了娱神。在北桥，每逢城隍生日，戏班子都会登台，对神的取悦最后变成人的狂欢盛宴。

大抵文艺发源皆是如此，从神而人，从《诗经》到北桥的戏台，天人交感，声音从遥远的过去，引起一个民族灵魂的回响。

古戏台两侧厢楼刷着朱砂色的漆，飞檐尖尖的角上坠着大红色的灯笼，戏台上，青、蓝、红、金的古朴撞色恰到好处，热闹又不轻佻。其实这才是戏曲的本质，不同于诗是文人的高格文艺，戏曲一直在有井水处传唱。从升斗小民到达官贵宦，戏曲就像那只燕子，才不管是王谢堂，还是百姓家。

如果你遇见北桥人，或者是一个乌发成银的老人，或者是一个才上幼儿园的娃娃，也许老人开口就是穿过时光的婉转咿呀，也许娃娃已经会怀抱琵琶。

TIPS

北桥有悠久的戏曲演出传统，1992 年被苏州市授予“**戏曲之乡**”的称号，2017 年又被评为全国首个“中国民间戏曲文化之乡”。除了历史传统，现代北桥人也为戏曲的活跃与传承做出了很多努力。全街道有 3 家三星级公益性评弹书场，定期进行锡剧巡展，还开办了少儿戏曲班、少儿评弹班。一句话，戏曲在北桥是活的。

戏

曲

古戏台之音

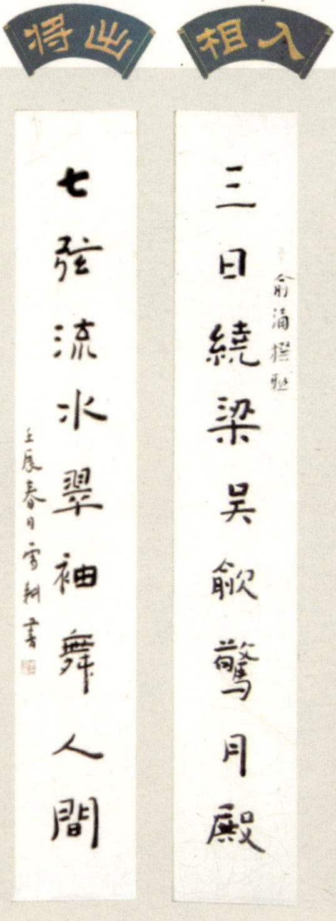

北桥的“戏曲之乡”，不是浪得虚名，也不是现代人牵强附会之作。跟着导航开到“北渔警务室”，停好车，步行穿过一条小胡同，相城区仅存的古戏台便出现在了眼前，它是北桥成为“戏曲之乡”的有力历史佐证。

坐落在一座城隍庙内，始建年代无考。一般情况，城隍庙并无规定一定要有戏台，但因北桥地区的老百姓历来爱好戏剧，所以当年在建造城隍庙的同时建造了戏台和两侧看戏的厢楼，从此戏剧表演就成了当地祭祀活动的主要表现形式。一直到今天，每逢初一、十五，都有戏曲爱好者在古戏台莲步轻移，启齿似燕语呢喃。

以庙会之名，全镇狂欢

TIPS

圣堂庙会是阳澄湖地区一项重要的民俗活动，被苏州市列入非遗保护名录。每年的农历三月二十六至二十八期间是圣堂寺最热闹的日子，各地组成的队伍在吹打乐和弦乐声中轮番表演，光参与会班队员就有3000多号人。如果你想感受庙会，一定要起早，按照惯例这些队伍7点前就会出发，绕着镇子一圈，经湘陆路、湘园路、城中路、凤阳路等，大概9点就会在圣堂寺门口聚集，朝拜东岳大帝并进行传统民俗文艺活动。

地址：相城区阳澄湖镇圣堂港桥西堍

形容某种事物具有无与伦比的地位，通常会用“神一般的存在”来修饰，这一比喻用在庙会上，才是最地道的。在中国历史上，庙会才是名副其实的神一般的存在，因为这一聚会形式最初就是为了祭神，为了神而存在。

镜头定格到相城区的阳澄湖镇。农历三月下旬，春风欢愉地扫过大地，把数千民众吹到了圣堂寺门前。圣堂庙会开锣了。那个场景，像误入了某个古装戏的片场，人流多得堪比春运，甭想开车，“11路”是最靠谱的。

庙会的花头很多，队伍的最前头是起马牌，有马夫和两面大锣鸣锣开道，全是古人出行的仪仗，有的上面写着“肃静”“回避”，还有万民伞、銮驾、旗伞、灯幡等等，音乐班子在边上边走边吹奏，听不太懂，但觉得还挺好听的。边上有懂行的老人说，吹的都是些古乐曲，比如《中花六板》《梅花三弄》《行街四合》之类的。

看过了打头的，后面还跟了不少会班，舞龙、打莲湘、敲臂锣、小拜香、挑花担、荡湖船……在吹打乐和弦乐声中缓缓而行，边走边演。队伍经过的各家各户、大小店面都要放鞭炮、燃香烛。这是为了祈求风调雨顺、家庭美满和天下太平。孩子们跳啊笑啊，搞不懂大人们为什么要穿上古装，为什么有人坐轿子而有的人只能弓着腰耍狮尾。这一年只此一次的热闹景象，足够让孩子们像过年一样兴奋，与神无关。

就这样浩浩荡荡绕着镇子走演一圈，最后各路队伍在圣堂寺聚集，庆祝东岳大帝的生日。从祭神到娱人，圣堂庙会都做到了。

重度寺庙迷 磕头磕不够

愿 我 最 虔 诚 的 祝 福 带 给 你 无 尽 的 快 乐 。

游

Day1

冯梦龙村旅游景区——苏州御窑金砖博物馆——孙武纪念园——悟真道院

Day2

太平老街——沈周墓——皇罗禅寺——药师庙——圣堂寺

苏州御窑金砖博物馆、孙武纪念园都在相城的中心城区元和街道，可以串起来一起逛。寺庙迷呢，离元和文创园约7公里，有一座悟真道院，拜的是画圣顾恺之。如果是深度寺庙迷，还可以驱车去太平禅寺，尤其要在秋天去，千年银杏一树金黄，沿河走几步就到太平老街的王鏊故居。如果是重度寺庙迷，“美人腿”上的皇罗禅寺和莲花岛上的药师庙，让你磕头磕个够。如果还嫌不过瘾，那只能请出圣堂寺了，每年农历三月二十六日起的圣堂庙会是体验当地民俗不可错过的好机会。

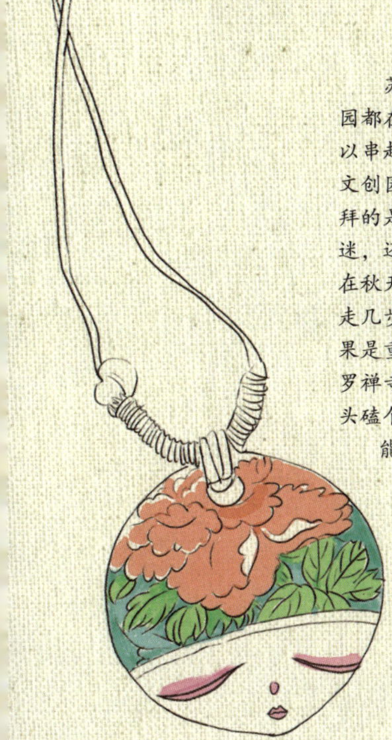

伍

精致的面孔，
时尚的表情，
让整个城市鲜活起来。
鳞次栉比的写字楼里，
许多梦想在萌芽。

精致的面孔、
时尚的表情、
让整个城市鲜活起来。
鳞次栉比的写字楼里、
许多梦想在萌芽。

创智

2500年前，因地势低洼、土壤质地不合适建城，加上当时生产力限制，伍子胥与这里遗憾错过，相城因此失去了成为“阖闾大城”的历史机遇。

2500年后，人们突然发现，那个曾经的洼地已经迅速站在了风口之上，成为科技与智慧的高地，在新时代为梦想奔跑。

相城，不只是粉墙黛瓦、恬静安然的江南水乡。阳澄湖边的风浪见多了，你就知道这里有多包容。

带你来相城走一走

相城区主导产业为3(先进制造业)+2(现代服务业)，即新一代电子信息(集成电路)、智能制造(机器人)、新材料和数字经济、文化创意，聚力发展大研发、大文化、大健康“三大产业”，致力打造全国领先的大数据、工业互联网、科技金融、智能驾驶、先进材料、生物医药“六大未来产业创新高地”，全域规划建设“五大功能片区”。

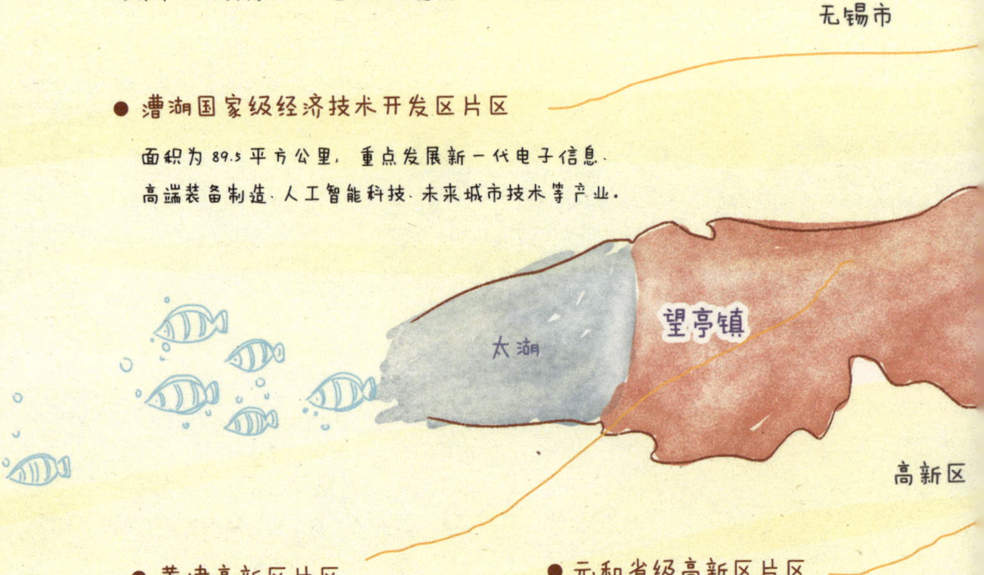

● 漕湖国家级经济技术开发区片区

面积为89.5平方公里，重点发展新一代电子信息、高端装备制造、人工智能科技、未来城市技术等产业。

● 黄埭高新区片区

面积为112平方公里，重点发展生物医药、光电信息、新材料、智能装备等产业。

● 元和省级高新区片区

面积为62.5平方公里，重点发展数字文创、数字研发、智能健康、服务贸易（跨境电商）等产业。

● 阳澄湖生态旅游度假区片区

面积为115平方公里，重点发展生态旅游产业。

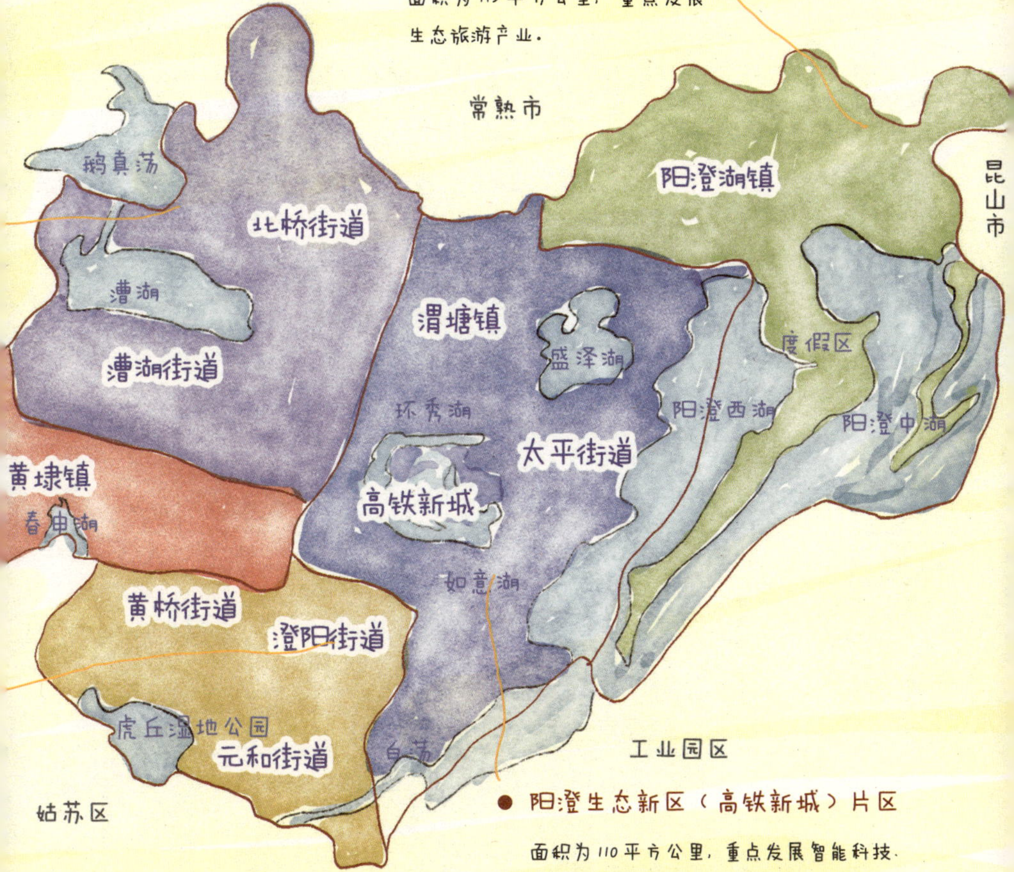

● 阳澄生态新区（高铁新城）片区

面积为110平方公里，重点发展智能科技、大数据、科技金融、文化创意、电子商务等新兴产业。

这里是长三角国际研发社区

长三角国际研发社区位于苏州高铁新城中部，占地 10 平方公里，本着“以人为本、国际顶级”定位，聚力打造大数据、智能驾驶、科技金融、工业互联网、先进材料等新兴产业。目前，相城区与江苏省产业技术研究院合作共建的长三角国际研发社区启动区正在建设中。6 条轻轨线途经此处，列车都配置智能驾驶公交系统。而且，社区都配备了高端公共设施，其中，苏州市国际会议酒店已开工建设，苏州市国际会展中心、苏州市国际文化体育艺术中心、苏州市大剧院、苏州市美术馆和图书馆等一批市级城市功能性项目及标志性建筑项目正在有序推进。

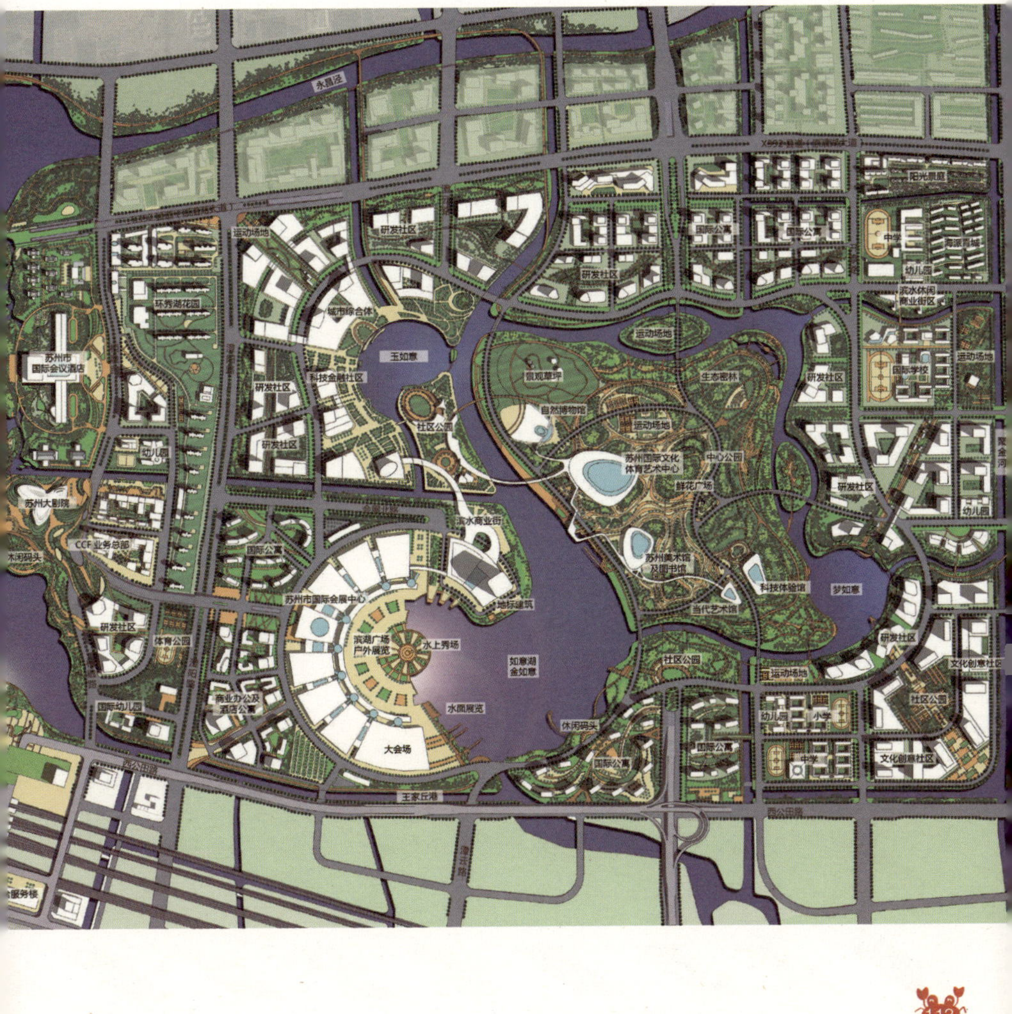
永昌泾
阳光景庭
研发社区
运动场地
国际公寓
中学
幼儿园
滨水休闲
商业街区
环秀湖花园
城市综合体
玉如意
运动场地
苏州市
国际会议酒店
科技金融社区
皇观草坪
生态密林
研发社区
国际学校
研发社区
自然博物馆
运动场地
社区公园
幼儿园
苏州国际文化
体育艺术中心
中心公园
鲜花广场
苏州大剧院
滨水商业街
CCF 业务总部
国际公寓
苏州美术馆
及图书馆
科技体验馆
梦如意
苏州市国际会展中心
地标建筑
当代艺术馆
研发社区
体育公园
滨湖广场
户外展览
水上秀场
如意湖
金如意
社区公园
运动场地
文化创意社区
社区公园
商业办公及
酒店公寓
国际幼儿园
水质展览
休闲码头
幼儿园
小学
大会场
国际公寓
国际公寓
中学
文化创意社区
王家丘港
西公田路

爱上，便不再离开

亲爱的美智子：

自打毕业从东京回国已经好久不见了，此刻有些想你！

毕业后，我在国内辗转了几个地方，最终在离上海只有二十多分钟高铁车程的苏州相城落脚了。最近，因为工作的关系，认识了很多新的日本朋友，他们都是从日本来到中国投资，寻找合作机会的。

去年以来，相城重点规划建设苏州（相城）中日智能制造协同创新区，目标是把创新区打造成为日企在华投资的集聚地，中日两国区域合作的示范园。创新区规划范围为相城全区域，其中，中心区面积有 38.5 平方公里，主要依托国家级苏州相城经济技术开发区和长三角国际研发社区，构建“一核两翼”功能布局，形状就像一只飞翔的朱鹮鸟！目前在相城，已集聚了住友电装、积水住宅等知名日资企业，并不断有中日合作项目在此落地，预计总投资可达百亿美元。

今年，相城区代表团还先后赴上海、东京、大阪等地举办了多场推介活动，吸引了越来越多日资企业的目光。之前，你曾经向我咨询过来中国投资的事情，我觉得此时正是好时机！而且已经有这么多老乡在这里，未来肯定一点都不会感到寂寞。

哦，对了，这里的美食非常诱人，有麻饼、爊鹅、面条等，其中最著名的当属阳澄湖大闸蟹。每年秋天，这里的螃蟹都会从阳澄湖“爬”到全中国吃货的餐桌上，有机会我一定要请你品尝一下。

我在相城等着你来。你一定会爱上这里！

香橙，发自苏州相城

2019.10.20

TIPS

苏州（相城）中日智能制造协同创新区构建“一核两翼”功能布局，象征中日两国智能制造产业携手腾飞。“中枢服务核”与“技术转化翼”位于国家级苏州相城经济技术开发区，面积分别为6.5平方公里和22平方公里；“智力支持翼”位于长三角国际研发社区，面积为10平方公里。

苏州（相城）中日智能制造协同创新区

总面积：486平方公里
中心区面积：38.5平方公里
中枢服务核面积：6.5平方公里
智力支持翼面积：10平方公里
技术转化翼面积：22平方公里

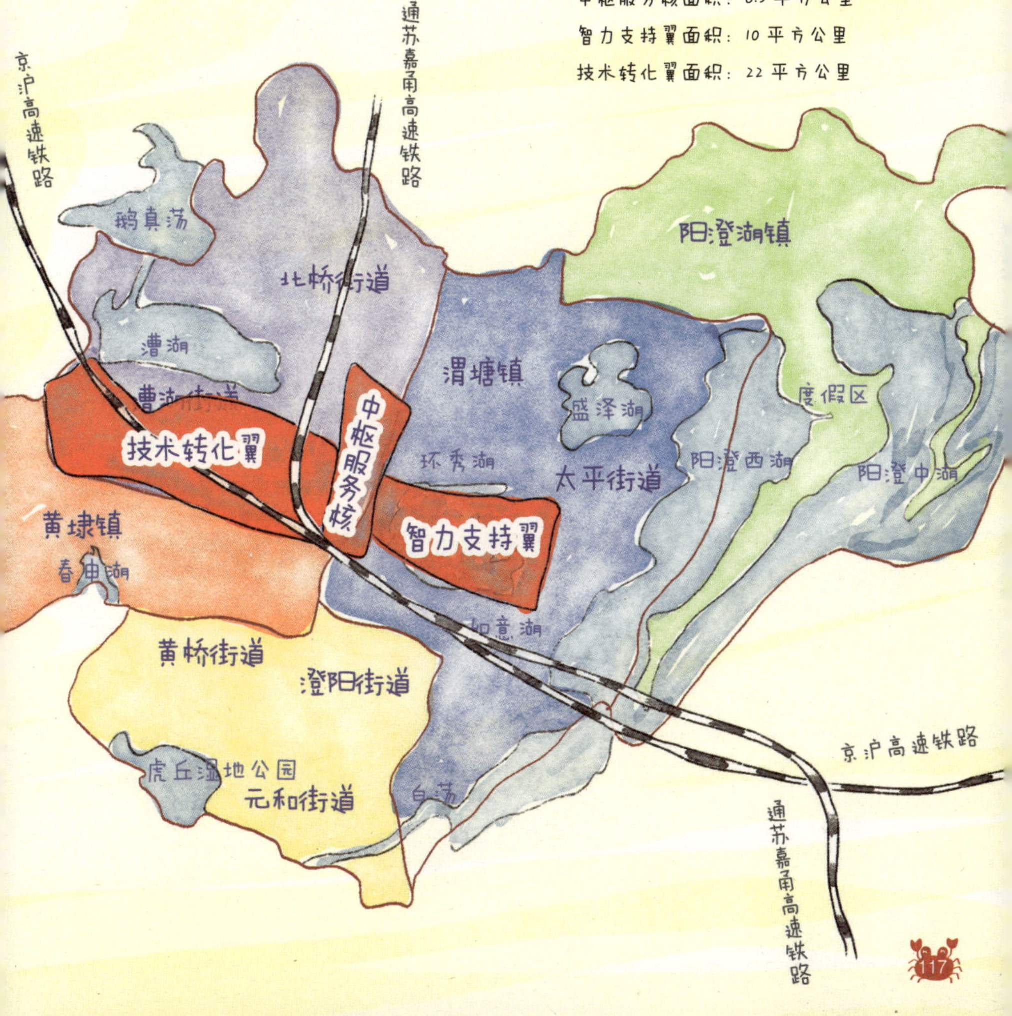

高铁时代的“硬核玩家”

苏州古城区往北15公里，京沪高铁和即将建设的通苏嘉甬高铁在高铁苏州北站交汇形成“黄金十字”。前者是中国最繁忙的铁路，后者则将成为中国沿海大通道。未来，苏锡常城铁和如苏湖城铁也将交汇于此，构成“双十字”。一个国家级交通枢纽已显露气象，一座高铁新城就此崛起。

高铁时代，江浙沪的生活开启了“加速度”。在一座城生活，在另一座城工作，灵活的生活方式带来更多机遇组合。频密的高铁班次，也让越来越多的年轻人过上了双城生活。从上海到苏州相城，最短只需23分钟，不过一次小憩、两三局手游、四五首歌的工夫，就能实现两地穿梭。

以相城为圆心的一个半小时交通圈内，拥有上海虹桥、上海浦东、杭州萧山、苏南硕放、南京禄口五座国际机场；上海港、太仓港、常熟港、张家港4个优良港口以及京杭大运河提供完备的水运服务。区内，京沪、苏嘉杭、苏锡和苏州绕城4条高速公路、14个高速公路道口，

以及规划建设的14条地铁线将组成四通八达的交通网络。聪明的相城人通过打造集空港、高铁、地铁、地面交通于一体的综合交通枢纽，将地理区位优势发挥得淋漓尽致。

交通和时间成本被最大限度地压缩，发展的空间则大大拓展。与周边城市关系越来越亲密的同时，相城正在打造自己的核心竞争力，不断提升合作层次。大数据、工业互联网、科技金融、智能驾驶、先进材料、生物医药六大未来产业创新高地已然成型，一大波国际顶级的企业、科研机构在此安家落户。这些年，相城逐渐成长为“硬核玩家”。

此间诞生的长三角国际研发社区，目标是打造一个国际顶级、不可复制的研发社区，推动相城打造产城融合样板区、长三角一体化创新发展先导区。其中，研发社区启动区由相城区和江苏省产业技术研究院合作共建，把研发产业作为特色战略产业来培育发展。通过打造技术研发的空间生态、政策生态、人才生态，率先建成“国内最前列、国际有影响”的研发产业集聚区。目前，紫光云引擎、新松机器人、京东智谷、微纳自动化所、托普索联合研发中心、沃泰丰能、苏科思联合研发中心等一批高端研发公司已经入驻。

车间工人

紫光云引擎科技（苏州）有限公司的展厅内，陈列着一条经过工业互联网改造的模拟自动生产线。用户扫描二维码下单，输入定制产品的信息，系统接到订单后，自动上料完成雕刻、质检等环节，2分钟后，一枚有着用户专属定制信息的U盘就交到了用户手中。这是工业互联网应用最简单的一个案例演示。

这家公司是紫光集团工业互联网产业总部，在苏州市相城区注册成立，以云计算、大数据和物联网为平台服务能力，聚合众多工业生产制造细分场景的合作伙伴，建设UNIPower基础共性平台，形成典型场景化的智能制造和工业云服务解决方案。

在工业互联网时代，这样的场景不再是想象：生产线上的每台机器都装着传感器，温度、湿度、速度等信息实时

去哪了？

传输；根据用户每时每分都在生出的新的要求，按照不同维度转化成不同的数据。而这些数据也都会集中到一个神奇的地方去处理——云。印象中热闹的车间里，工人越来越少，只留下轰鸣的机器，以及看不见、摸不着的数据。工业互联网为制造业乃至整个实体经济的数字化、网络化、智能化升级提供着新型网络基础设施支撑。

目前在相城区，已集聚这样的工业互联网企业 133 家，规上工业企业实施智能化改造累计达 658 家，获评国家级两化融合管理体系贯标试点企业 3 家，省级两化融合贯标试点企业 34 家。除了紫光云引擎，还引进和培育了仕泰隆等 8 家工业互联网重点平台，以及一方梯队、亭云智能等 12 家专业服务商。

请注意，智能驾驶已上路！

通过手机应用叫了一辆专车，车子从 2 公里之外的地方而来，缓缓停在你面前，但是驾驶舱内没有司机，车子由云端的智能大脑控制。这可不是灵异事件，而是在未来的某天可能发生在我们身边的事情。从 20 世纪 70 年代开始，一些发达国家开始了智能驾驶技术的研究，今天的相城，每天也有大量技术人员为这项技术的应用苦苦专研，一切都是为了让你在未来更舒适、更安全。

在相城区高铁新城，有一条智能网联汽车公共测试道路。如果你经过这里，很有可能会遇上正在测试行驶中的智能汽车。这条被业内高度认可的道路是相城区智能驾驶产业蓬勃发展的缩影。

相城区先后发布了《智能驾驶产业发展三年行动计划》《相城区打造智能驾驶产业创新高地的实施意见（2019-2023 年）》等地方产业政策文件。无人重卡技术研发企业智加科技、智能驾驶仿真测试企业 IAE（智行众维）、打造自动驾驶大脑的 Momenta（初速度）等一批各具特色的智能驾驶相关联企业纷纷落户，共同构筑起一个智能驾驶产业高地。截至目前，全区已集聚智能驾驶相关企业近 50 家。

在长三角一体化的大背景下，越来越多相关的企业、人才、资金等等向这块宝地聚集，智能驾驶产业链的资源越来越集中在这里。

这条智能驾驶的道路，通向的是人类对未来美好生活的无穷愿景。

智加科技
中国移动5G杯
2019国际（苏州）智能驾驶技术创新大赛
2019 INTERNATIONAL (SUZHOU) INTELLIGENT DRIVING TECHNOLOGY INNOVATION COMPETITION
INTELLIGENT
DRIVING
MOMENTA
苏E·G4668

一个老镇的书香新梦

往前数一千年的时间，太平在江湖上就已经小有名气了。这里曾居住过诗文小能手陆机、陆云，这里孕育了船模、泥塑、砖雕等江南绝活，如今这里正以另一张脸孔与世人见面。

2011 年，太平街道的两栋闲置楼，经过精心规划和装修后，拥有了一个崭新的名字——阳澄湖数字文化创意产业园。

阳澄湖数字文化创意产业园以数字出版产业为核心，重点发展文化创意、版权贸易、科技研发、数字经济产业。2011 年 7 月获批江苏国家数字出版基地苏州园区，2013 年 12 月获批国家级科技企业孵化器，2016 年 11 月获评全国版权示范园区（基地），是相城区探索城市新产业发展的重要载体。目前，园内已入驻各类数字文化创意企业 160 余家，2019 年 1—8 月产值达 36.16 亿元。

文创园还用心打好文旅融合牌，利用附近的历史街区——太平老街，建设文化气息浓郁、生态环境优美的产业空间，让各类企业不仅可以在园区内办公，还可以在老街、湖边、村落里办公，打造一个全域型、辐散型的文创园。

苏州从来不缺古镇、老街，如何错位发展，打造自己的特色？在这里，围绕“太平书镇”概念而建设的书香小院、客栈、文史馆、故居、荻溪仓众创空间、图书分馆、方志分馆等，营造起了浓厚的“书香”氛围。

老镇在做一个带着书香的新梦，而梦想正逐渐化为现实。

金融“活水”浇灌科技相城

2019年5月17日，上海证券交易所苏南基地在苏州相城揭牌，无数为之奋斗过的相城人欢呼雀跃，激动不已。基于当地丰富的科创企业资源和发展优势，将这块牌子收入囊中，意味着相城抢占先机，在融入长三角一体化的进程中展现出了惊人的潜力。

金融的“活水”，可以浇灌出丰美的果实。开足马力推进国际金融中心建设的上海，将先进的金融发展理念播撒到周边城市。在相城，上海带来的辐射效应也日益

显现。上交所苏南基地将以推动科创板上市工作为重点，发挥上交所的专业优势、资源优势、服务优势和相城区的区位优势、政策优势、战略优势，协调组织策划区域资本市场活动，广泛开展上市培育、专业培训、联合研究、干部交流、推广展示服务等工作，帮助长三角地区优质科创资源更好对接资本市场。

在科技金融领域，相城的布局早已启动。2017 年 10 月，相城科技金融产业园和苏州市相城金融控股（集团）有限公司先后组建成立，正式打开了相城探索科技金融的“大门”。随后，相城积极推进中国（苏州）创投数字研究基地、相城科技金融服务中心、相城科技金融规划展示中心和长三角路演中心的建设，构成了“一园两基地三中心”的科技金融服务平台。借助长三角一体化发展上升为国家战略的契机，相城还在上海虹桥商务区打造苏州（相城）数字经济创新产业园，实现与上海的快速精准对接融合。通过积极抢抓基金杠杆，撬动优势项目，“基金招商”的能量在全区范围内不断释放，吸引了越来越多资本和企业入驻。

“产业 + 金融 + 科技 + 人才”的科技金融新生态，正在当地逐渐成形。截至目前，全区已集聚起产业基金 141 支、总规模达 1200 亿元。2018 年，相城获评江苏省县域金融生态环境综合评估第一名。对于科技企业和金融机构而言，进入相城这一体系，就意味着机会。

（相城大厦位于上海虹桥核心商务区）

水乡里的“梦工厂”

2019年的电影市场上，《哪吒之魔童降世》是一个无法绕过的名字。从点映开始就口碑炸裂，首日1.3亿元票房刷新国产动漫电影票房纪录，直到最后以近50亿元收官，可谓一骑绝尘。

这部电影1800多个镜头中，有1400多个都是特效镜头，属于视效大片。而这些特效镜头中，又有400多个由位于苏州相城影视产业园的红鲸影视公司进行制作，占比超过四分之一，且其中大部分属于高难度的特效镜头。红鲸影视同时也是此次参与《哪吒》制作的60多家团队中，负责镜头最多的公司之一。

红鲤所在的苏州相城影视产业园2016年3月揭牌成立，距离高铁苏州北站约5分钟车程，主要从事数字影棚拍

摄、动画电影及番剧制作、电影后期制作、专业人才培训等业务。目前，园内已入驻 CCTV 电影频道制作基地、苏州影视产业联盟、华皇电影、星龙传媒、米粒影业等多家电影科技企业和龙头动漫创作企业，参与出品、拍摄《冯梦龙传奇》《龙之谷：破晓奇兵》《精灵王座》《三只小猪 2：功夫潘达》等 20 余部影视动漫作品，完成影视动漫后期制作影片 200 余部，从业人员超过 1000 人。其中，CCTV 电影频道制作基地拥有长三角地区唯一的全流程电影制作团队，配备一流的电影后期全流程制作设备，拥有 1700 余部电影的后期制作经验，能为影视制作提供网络化、一站式、全方位的高端服务。

阳澄湖畔，上演电竞“奥林匹克”

“00 后”的小朋友们已经很难想象，他们的父母如果小时候玩电子游戏大概率会被家长、老师斥责，如果把这个当作一份工作，那一定属于“不务正业”了。

日历翻回到 2018 年，英雄联盟全球总决赛上，中国战队 IG 以 3 比 0 横扫欧洲劲旅 FNC，夺得冠军奖杯。在这个全世界玩家心中最神圣的比赛中，IG 成为 LPL 赛区史上第一个全球总决赛冠军。这一年，成为了中国电竞发展史上的高光时刻。

也是在这一年，苏州阳澄国际电竞馆正式启用。总投资 1.2 亿元，总建筑面积达 1 万平方米，周边配套的酒店等基础设施一应俱全，要说拼硬件，这个长三角最专业的电竞赛事场馆之一还没怕过谁。而在软件上更是突出专业性和竞赛性，完善的赛事组织策划，短短开馆一年就运营了包括“暴雪全民赛”“2019 微信菁英总决赛”“全国电子竞技嘉年华”等业界重头戏。

人们常常觉得，苏州更像是个温文尔雅的女子，擅长的是琴棋书画，似乎和激烈的电竞搭不上边。其实恰恰相反，近年来苏州不光是电子游戏业发展迅速，电竞产业的体量在长三角地区也仅次于上海。

苏州相城（高铁新城）之所以会全力布局电子竞技产业，除了看到其巨大的发展前景，也充分考量了当地突出的交通区位优势。阳澄国际电竞馆毗邻高铁苏州北站，其间直线距离 300 米，步行约 5 分钟，搭乘高铁至上海最短 23 分钟，至南京 50 分钟，从长三角区域内主要城市出发，到达阳澄国际电竞馆均不超过 1 小时。

电子竞技的巨浪已经近在咫尺，眼前这座“能量原石”已经充能完毕，等待水手们扬起风帆踏浪而去，你可千万别“错斩”了啊。

学习！学习！学习！
相城是个好学生

如果说人生就像打怪练级的话，只待在一个地方练肯定不行。所以人生最好的修行就是旅行，见各种不同的人，体会不同的人生。但并不是所有人都可以永远在路上，总有那些个羁绊让你安定下来，这时候读书是最好的修行。

常常有人会问，读书到底有什么用?其实读书没有用，有用的那种读书，叫作查资料。但古语有云：无用之用，是为大用。查资料是为了一时之用，阅读是为了一生之用。

什么情况下，我们会突然意识到读书的重要性呢?或许是当你高兴或者伤心，却因为语言贫瘠无法和人分享或倾诉时；或许是看着别人高谈阔论，自己显得格格不入，又不甘孤独时；或许是当你站在山峦之巅，满腹激情却只喊得出一个“啊”时。

再往哲学靠一点，其实你并没有忘记小时候背过的古文，它只是停留在脑子里某一条沟壑之中，而你又丢失了索引而已。张三丰让张无忌忘记所学的每一招每一式，说到底就是让他不要被具象的动作所限制，融会贯通，随机应变，无招胜有招。

读过的书也是一样，你可能不记得《出师表》中间几句讲的什么，可能忘记了推理小说最后到底是怎么反转的，但这些都成为了你的一部分，指导你的言行举止，影响你的审美和思维方式，决定你是一个什么样的人。

那么人到底为什么要读书?是为了知道自己不知道的，也是为了认识你自己。培根（不是吃的那个啊）说过，**读史使人明智，读诗使人灵透，数学使人精细，科学使人深刻，伦理学使人庄重，逻辑修辞使人善辩**。归根结底，读书让人在纷繁的世界里提升认知，说白了就是图个心里明白。

一顿午饭的价格，就能获得作家大半辈子的心血，还能有比这更划算的事情?有啊，去图书馆看书呗！

TIPS

苏州第二图书馆占地35亩，建筑面积4.53万平方米，总投资4.8亿元，远远望去像一摞旋转叠放的纸张和书籍。由于立面是透明的，所以晚上开了灯以后整个建筑通透明朗。

第二图书馆针对0–14岁儿童，特别按年龄划分了不同功能的阅读区域，周末想要陪孩子看书的家长可以过去看看。

这里有可容纳700余万册藏书国内首个大型智能化书库，“音乐图书馆”和“数字体验区”是两大亮点。

地址：苏州市相城区华元路与广济北路交叉口西北150米。

轨交4号线活力岛站1号口步行900米。

读书这件事，相城人是认真的

相城区图书馆

这里其实是苏州图书馆的相城分馆，环境不错，有儿童馆、电子阅览室。少儿医保卡可以免费借书，寒暑假时人很多。

地址：相城区采莲路相城区市民活动中心二楼，轨交 2 号线蠡口站 2a 出口。

开放时间：周一上午闭馆，下午 1:00—6:00

周二至周日 9:00–18:00

东大书店

地址：太平街道邻里中心二期二楼。

新华书店太平文创园分店

地址：阳澄湖数字文化创意产业园 A 区。

村上湖舍书吧

只有 30 多平米，有好多市面上很少看得到的书籍和杂志，无论是封面设计还是内容，都很吸引人眼球。如《茶叶大盗》《中国豆腐》《吃的》《烤肉笔记》《秋刀鱼》等中文书籍、杂志，还有外文书籍，通过一张木质长桌和组合式书架陈列，另外还有一些手作和摆饰。

地址：村上湖舍二楼。

超级书店

地址：高铁新城圆融广场二楼。

书香公园

相城区第一个开放式的市民文化公园书香公园就在第二图书馆周边。这个公园是配套于第二图书馆的，以书香文化为主题，通过“琴棋书画”的传统元素打造富有文化底蕴的城市公园景观。让你一进公园，就想读书。

地址：广济北路以西、永方路以东、沈思港路以北。

东大教育书店

东大教育书店是一家民营书店，创立于 2008 年 11 月，主营少儿读物、文学、社科等图书。这家书店有个优点，社科类图书可以免费借阅，正如书店所提倡的“阅读，是一种生活方式”，在里面待久了，感觉像在自家的书房。曾获评“苏州市优秀实体书店”。

地址：轨交 2 号线阳澄湖中路站。

秀，相城
生活的滋味， 秀出来

溪路，新泥
酒欲醒，茶未熟
无人消受
锁空楼

秀，相城

秋风渐起
金黄的银杏叶飞舞盘旋
踩在脚下沙沙作响
空气中的水分慢慢蒸发
处处干燥、蓬松、柔软
秋色无边

秀，相城

桥，是连接，也是分别
两头的人们，有离恨，更有思念
是归来还是出发
岁月来选

秀，相城

小时候
最喜欢插手大人的农活
即便什么忙都帮不上
捣乱，也是一种存在感
那时候世界再大都不想看
一方小院就是天下

秀，相城

他们勤劳努力，脚踏实地
湖畔、乡间都是造梦的一方天地

移舟泊烟渚，
今晚吃螃蟹。
野旷天低树，
还差一碟醋。

秀，相城

秀，相城

鱼说：
我的前半生，生得热闹
我的后半生，死得随机

秀，相城

桥上跑的是浪迹天涯的少年
桥下摇的是远客归返的渔夫
一种激情，一种乡情
都似闲情，寄与天边

秀，相城

风车转不休
时光如水流
风一吹，忽白首
没有岁月可停留

陆

一代又一代，
技艺在手中传递。
那些编织在蔺草里的匠心、
窑火淬炼出的辉煌，
都在书写着这方土地的人文。
踏进悠长的光阴里，
尘世的烟火，
从古老的时光中缥缈而出，
如梦似幻。

各类文艺。
从古老的时光中飘逸而出，
尘世的烟火，
路途悠长的光阴里，
都在书写着这方土地的人文。
窑火淬炼出的精魂，
那些编织在蒲草里的匠心，
技艺在手中传递。
一代又一代，

绝艺

御窑金砖

御窑金砖是中国窑砖烧制业中的一朵奇葩，明清两朝受到历代帝王的青睐，成为皇宫建筑的专用产品。到明代嘉靖时，进入全盛期。清朝末年，因战争连年，技艺消失。但长期以来，御窑村民烧砖制瓦的传统相传不息。御窑烧制金砖自1413年始，已600年有余。

20世纪80年代，在失传70多年后，这一传统工艺被复活。1990年，北京故宫维修时首次用上新烧制的金砖。

打卡网红博物馆 学习如何“点石成金”

当年，永乐大帝一声令下——迁都。六部上上下下就开始忙开了。建紫禁城，选哪里的木头，用哪里的石料，匠人从哪里请，各种各样的问题纷至沓来。至于用什么样的铺地，这个问题倒是未经很多思考，他们一眼就相中了陆慕的窑砖。

陆慕这里的砖，质量过硬，艳压群芳，获得圣宠，最后砖窑得了个“御窑”的美称。

到底有多好呢？说说它的制作周期，就已经吓死人。从阳澄湖边的黄泥黏土，到最后铺到紫禁城的地面上，一块砖的制作周期至少需要两年，须经过取土、练泥、制胚、焙烧和窨水等二十九道工序。

每一道工序又分为很多小步骤，譬如取土，得按照“掘而运，运而晒，晒而椎，椎而舂，舂而磨，磨而筛”的步骤慢慢来。说实话，看这步骤，如果不告诉你是在取土，说在做小麦饼，也一定有人信。等着把泥练好，做成不同规格的方胚，还得阴干。阴干的过程需要 5 至 8 个月，等潮气慢慢扩散掉。然后烧制，又需要 130 个工作日左右。烧制过程分为五个阶段，每一种柴火对应不同的阶段……如果把步骤都写出来，再给我 800 字也不够发挥。

总而言之，最后这砖是终于做成了。它们被五花大绑，从阳澄湖出发，送往京城。各个身上标着老家的名姓——年号、尺寸、江南苏州府知府管造、窑户的名字等字样，风风光光地踏上旅程。路上几多风雨，我们已无从知道，只能依靠想象了。待到这砖块成为紫禁城的一部分，一切尘埃落定，这两年的每一点历练才算是没有白白经历。

如今，当你站在紫禁城里的太和殿、中和殿、保和殿，脚下便是“光可鉴，断之无孔，坚硬如铁，其声如磬”的御窑砖，你大约就知道它为什么被历史说成“金砖”了吧！

TIPS

苏州御窑金砖博物馆每一层都有主题，第一层介绍金砖的制作，第二层介绍它的运输，第三层介绍它的用途，非常有层次。博物馆的北边是御窑遗址，当年的砖窑还在，值得一看。

地址：相城区阳澄湖西路陆慕桥西堍，免费对外开放，周一闭馆。

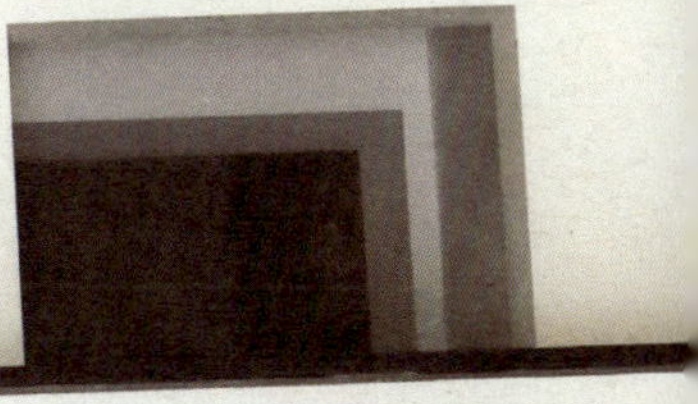

砖头上有大门道

所谓“无雕不成屋，有刻斯为贵”，说的就是砖雕。

相城的砖雕有得天独厚的发展优势，因为咱砖头好。早在明朝永乐年间，朝廷就指定要用陆慕御窑烧制的金砖，因为它质地细腻坚实，是上好的“开刀”材料。起手好牌，还得配有本事的匠人才能出好活。说到砖雕，传承人刘一鸣是绕不过去的名字。生于雕刻世家的他从小跟着祖父学手艺。石雕、木雕、玉雕均有涉猎，唯独钟情砖雕。在学艺这件事上，刘一鸣表现得相当痴情。他在安徽、福建、广东、江西、山西走街串巷，和老农、道士交朋友，拜文史专家为师。深入研究全国各地的雕刻文化，得到很多一手资料。

出道早，功夫深，业务精。刘一鸣渐渐在全国崭露头角，中国国家博物馆改扩建时，刘一鸣应邀竞标，并在全国众多参与者中脱颖而出，负责打造砖雕贵宾厅。那次是命题作文，图案都是中央美院教授所画的大唐牡丹。平常的牡丹线条自然，并不苛求花叶对称，即便少一片叶子或一朵花也不会影响整体美感，但大唐牡丹讲究的是花叶绝对的对称，来不得半点差错。而且为了让整幅牡丹真正“无缝”拼接，他将每一片骑缝的花叶全部凿去，再用金砖切成小块按照 1 ∶ 1 的比例单独雕成花叶镶嵌上去以遮住缝隙。这些细活，外行人实在很难看懂，自然也不会明白工匠的一双手是何等不易。

如果你有机会去国家博物馆，一定要看看苏派砖雕的风采。

TIPS

砖雕是“相城十绝”之一，相比于其他地方的砖雕，相城砖雕更写实。你也别认为砖雕是抱不动拿不走的，砖雕也有旅游纪念品，感兴趣的可以去看看，地方在相城区阳澄湖镇圣堂村苏派砖雕艺术研究所。刘一鸣的作品在相城非遗馆内也有展示。

凭这手艺，他们家六代都进过皇宫

20 世纪 20 年代，日本东京美术学院教授明石染人和尼娜·史大林斯来陆慕附近考察，回去兴冲冲地在笔记上写，他们如何找到给中国皇室做缂丝的王家，心情如何的激动。搁在今天，必然也是要在朋友圈里晒一晒的。

王家缂丝，已经有一两百年的历史，确实值得晒。

最开始，王家是在宫廷做缂丝的。缂什么呢？皇帝的龙袍、妃子的褂子、官员的补子等，什么金贵缂什么。你看清宫戏里，皇帝上朝的时候穿的那件衣服，如果剧组不那么抠，镜头又足够近，那衣服上的纹理是可以看清的，就像刻上去的一样。

这个“刻”，就是缂丝的“缂”。

那会儿除了皇家贵族，真没人用缂丝做衣服。原因很简单，忒耗时间。一个手脚麻利的匠人缂一朵不那么复杂的牡丹花图案，至少也需要两个月的时间，何况是那些图案超级复杂的衣服。老百姓才不舍得花那个时间呢。

花时间，自然就贵，因此就有了“一寸缂丝一寸金”的说法。再加上技艺的复杂、配色的讲究、心力的耗费，一般人很难做到有始有终。

王家不一般，好几代人都全心全意扑在上面，因而延续了缂丝的血脉。第一代传人王金亭专做宫廷龙袍褂子；第二代传人王新亭曾为慈禧太后缂制八仙寿庆寿喜袍和霞帔；第三代传人王锦亭作品《麻姑献寿图》获得巴拿马万国博览会大奖；第四代传人王茂仙培养了新中国第一代缂丝接班人；第五代传人王嘉良和第六代传人王建江为首都博物馆修复乾隆皇帝的缂金龙袍，后来又几次给故宫修文物，包括“甄嬛”旧居寿康宫的正殿宝座之后缂丝攒竹嵌玉石插屏、乾隆“福、寿、绵、长”四屏条等。这一代一代人，各个的履历都是金光闪闪的。

祖辈缂的丝，不会在作品上留下名字，所以现在很难知道哪一个是谁的作品。但是，说不定哪一天，这后辈的人就能修到爷爷的爷爷当年的缂丝。**所谓古今对谈，就在一遍遍对文物的观察中，在纬线一层层的压实过程中，悄无声息地完成了。**

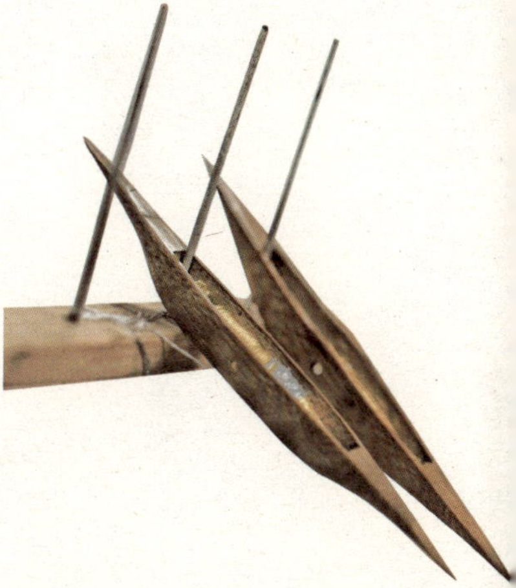

TIPS

缂丝又称刻丝，是与宋锦齐名的丝织工艺，宋室南渡时把它带到了江南地区。明清是苏州缂丝的辉煌期，其中元和缂丝工艺水平独步全国。

王嘉良缂丝世家工作室，位于相城区元和街道御窑社区服务中心内。工作室里的八台机杼都是祖上传下来的老设备，工作室的西边有一间展示厅，想近距离感受缂丝作品的一定要到这里来看看，除了各种精美的插屏、扇子、荷包，还有王嘉良先生做的一件双面不同花纹的缂丝作品，保证你在其他地方没见过。

皇上，您的蛐蛐儿住得比人好

蛐蛐儿是咱特有的宠物，曾经一度，无论民间还是上层社会都为之疯狂。疯狂到什么程度呢？“七、八月间，家家皆养促织”，说的就是苏州当时的盛况。

这事还得从明朝宣宗朱瞻基说起。明朝的皇帝个个都有一箩筐槽可吐，这位爷的槽点是爱斗蛐蛐。可苦于老是找不到合意的选手，屡屡战败。要是下棋、打牌嘛，对手是人，还可以放水，让皇帝老儿把把都赢。但蛐蛐这小东西不识龙颜，更不识圣上的蛐蛐，发狠斗起来从来不看主人。

宣宗急了，下诏给苏州知府况锺，让他田间地头去找种子选手。况锺也蒙了，没想到他这工作范围这么广，不仅要管人还要管虫子，去哪找能代表帝王出征的蛐蛐儿？偏巧没过多久，有人在上方山下捉到一枚“黄大头”，头大、足长、健斗，是个天生的武士。进贡之后，争霸一方，替皇上挣回不少面子。蛐蛐保住了龙颜，也保住了贡蛐蛐之人的官位。

最精彩的部分来了。既然蛐蛐这么重要，那住的地方自然也不能差。聪明的苏州人想到了给它造房子。

陆慕烧窑本就早有传统，看到此商机，当地人纷纷开小窑烧制蟋蟀盆。事实上，蟋蟀盆的制作和使用始于南宋，盛于元明，分南北两派。北盆以天津为代表，南盆以精巧秀美见长，以苏州陆慕为代表。

之所以能造出全国最好的蟋蟀盆，主要是因为咱陆慕的泥巴好！土质细腻，杂质少，碱性小，阳澄湖底的“澄泥”为泥盆的制作提供了好的原材料。这种在水中浸泡多年的沙泥，极为细腻润滑，烧出的蟋蟀盆自然光洁温润，透气性非常好，蟋蟀住在里面，就算盖上盖子也不会闷死。

别看这么小小一个盆，它的制作工艺相当复杂，要经过选泥、晒泥、滤泥、粘泥、制坯、配盖、去杂、阴干、修坯、雕刻、压花、烧制等 80 多道工序才能完成，大概需要一个月的时间。最辛苦的是，再热的夏天不能开风扇，再冷的冬天不能开空调，要是泥盆给风吹裂了或是给热炸了，那可是对不起皇上、对不起娘。

另外，就像刚装修好的房子不能立马搬进去住一样，刚烧好的泥盆也不能直接养蟋蟀，需要在鱼缸或井底浸泡数日去除火气，取出后才可养活物，否则蟋蟀入内会被吸干水分死翘翘。皇家勇士，命可金贵着呢！

TIPS

陆慕泥盆，可谓是取土成金，是苏州“相城十绝”之一，属于非物质文化遗产项目。目前在陆慕还有十几户人家在做。其中著名的大师有袁中华、袁中平、曹超等，他们所造的泥盆价值不菲，可抵千金。如今不养蟋蟀，将盆陈列于居室、案头，也是一件风雅玩物。

相城十绝看这里

如果湖可作纸，那么橹便可为笔，舟便可作墨。世间万物，皆可成杰作。泥巴、青草、木头、青铜，所有不起眼的原材料都能成为了不起的艺术品。相城有十绝，风收住了云浪，大师守住了技艺。

御窑金砖

御窑烧制金砖自1413年开始，至今已600年有余。明清两朝以来受到历代帝王青睐，成为皇宫建筑的专用产品。现在北京故宫的太和殿、中和殿、保和殿以及十三陵之一的定陵内的地面均为御窑所产方砖铺墁，这些大方砖上尚有明永乐、正德，清乾隆等年号和“苏州府督造”等印章字样。

陆慕泥盆

“御窑袁氏堂，艺术流传长，事事求和谐，避邪又吉祥。”指的就是陆慕泥盆。至今，明宣德以来的陆慕各式蟋蟀盆在故宫博物院内还能看到。中国民间文艺家协会名誉主席冯骥才先生欣然题词，称之为“诗质画境”。

元和缂丝

缂丝是苏州传统工艺一绝，从唐人的书画包首到明代的皇帝龙袍，缂丝可以说是源远流长，历史悠久。苏州缂丝又以元和街道西的张花村最为突出。张花村时称“缂丝村”，家家有织机，技艺代代相传。

阳澄渔歌

阳澄渔歌是以吴方言传唱的山歌，属于吴歌的一个分支，主要流行于阳澄湖周边的阳澄湖镇、太平街道等地。演唱形式有独唱、男女对唱和一人领唱众人伴唱。短的为四句或十来行，长的一般不超过百行。近年来，阳澄湖镇对渔歌进行抢救性保护，不仅成立了专业歌唱团，还在学校里开设渔歌课程，唱渔歌从娃娃抓起。阳澄渔歌已经迈入省级非物质文化遗产行列。

陆慕泥盘

太平船模

相城琴弓

全球优质的琴弓里，有八成产自相城的渭塘。上好的琴弓只能选用巴西亚马逊独有的苏木，要经过粗加工、造型、装配、打磨、上漆等将近60道繁琐的工序，最快也要半个月才能制成。产自渭塘的弓，虽不能开弓射箭，却可直抵人心。

渭塘珍珠

“天下珍珠渭塘先，渭塘珍珠甲天下”。养蚌育珠是渭塘人的传统产业，淡水珍珠产量约占全国的三分之二。珍珠制成的项链、耳钉、挂件、手链、胸针、戒指等饰品都可以在渭塘买到，造型别致不说，价格也喜人。

水乡草编

草编是一种采用席草、灯草和蔺草等编制各种类型图案的手工技艺，主要分布于苏州相城区渭塘镇一带，列入苏州市非物质文化遗产。“水乡草编”的制作过程相当复杂，从蔺草浸泡、编织、拼接到缝制、上漆、打蜡、开面，前后累计数十道工序。

水乡草编

苏派砖雕

苏派砖雕是南方地区砖雕艺术典型代表之一，风格精细典雅，被誉为“南方之秀”，相城砖雕比其他地方的砖雕更写实。世界遗产大会献礼的传世名作有《姑苏繁华图》、巨型砖雕照壁《锦绣苏州》和巨型砖雕《世界遗产纪念墙》。

太平船模

相城区太平街道的苏州·阳澄湖舟船文化馆里陈列着各式宝船，船体镂花雕刻、船帆能收能放，除了体型小之外，和真船并无差别。徐海林制作的“郑和宝船”被香港海事博物馆收藏，“渡江第一船”和“南湖红船”船模被中国人民革命军事博物馆收藏。“郑和宝船”还获得了第八届中国民间文艺“山花奖”。

黄桥铜器

相城区黄桥街道生产的仿古青铜器，约有上千种产品，如青铜铭牌、青铜人像、法器、大钟、云板、香炉、宝鼎等仿古青铜器。花纹清晰细腻，表面处理效果特别好，其中将近一半出口，深受外国客商的青睐。

黄桥铜器

花鸟鱼虫一壶茶，张老画风萌萌哒

TIPS

张继馨艺术馆藏有著名书画家张继馨先生捐赠的作品 1578 件。免费开放。

张继馨 19 岁时拜“吴门画派”嫡系传人张辛稼先生门下。他深入生活，观察细致入微，作品形神兼备。如今张继馨先生已经 90 多岁高龄，他的花鸟画炉火纯青，有浓浓的江南水乡生活气息，已经成为当今吴门画派传承和发展的领军人物，被誉为继陈大羽之后江苏写意花鸟画的旗手。

地址：相城区元和文化创意产业园 B 幢二楼。

提着“半桶水”看中国画画展是怎样一种体验？最近去了趟张继馨艺术馆，印象蛮深刻。

由于学设计的原因，大学时期常混迹于各种设计展，这可是做作业通用的灵感速成大法。而画展么，逛得最多的就是抽象到无法理解的现代画展，那时觉得“不明觉厉”乃最高境界。回想起来，竟没好好研究过咱传统的水墨画，所以初次去张继馨艺术馆，我这“半桶水”有点畏畏缩缩，

生怕遇到行家搭讪。

踏入展馆，迎面是灰色浮雕壁画，上有“张继馨艺术馆”几个金字，两侧屏风上挂着吴门四家的超大幅画作，就像武林世家墙上挂着祖师爷头像一样，十分应景。一股清香扑鼻而来，深吸几口，说不出是啥味却叫人舒服。香味伴着古筝曲子，让馆内环境更加雅致古朴了。

艺术馆里不仅有张继馨先生各个时期的绘画作品，还有书法长卷、练笔写生、出版的书籍、个人收藏等等，值得一提的还有门口一排常用印章，都是沙曼翁先生篆刻的啊。

因为远离帝京、经济繁荣，自古说到吴门画派，第一感觉就是宁静典雅、蕴藉风流、优游林下、自得其乐。与其他吴门画派名家一样，张继馨也是艺术画坛的多面手，工笔写意、书法诗文无所不能。而作为一名优秀的“吴门画派”花鸟画传人，张老的画真的很生活！竹林麻雀、墙头月季、梅下春笋，甚至连一壶茶、一摞书都能成为画中主角。而生活气息最浓郁的还要数艺术馆最里侧陈列的三排写生作品。蟋蟀蜻蜓幺蛾子，小虫子最考验观察力；家禽鱼类姿态多，跟真的一样；瓜果蔬菜样样有，难道我们的馨子先生也是个吃货？

吴语有阴柔气，反映在画面上有明显的地方特征。虽是吴门，但张老的画风却与别人不一样，确切地说是画风多变。工笔、重彩、白描、泼墨……他的画除了阴柔的，还有霸气凌人的。奇妙的是，略显粗犷的线条除了霸气，还能彰显萌感。比如抽象成几何形状的莲蓬，莲子硕大饱满；方形的豆荚，乍一看以为是卡通版毛毛虫；肥硕的小鸟却不失灵动。

多变的风格让张继馨艺术馆充满惊喜，因为你永远不知道，转角那幅是什么画风。

有模有范儿，方成大器

总觉得有些事情是需要天赋的，比如做一名匠人。木范，捏泥坯，失蜡、浇铸、修整、着色……第一次看到做青铜器的铸造过程，我两眼发白，不知所措。哪怕把网上失蜡这一环节的演示视频看了5遍，仍是茫然。不服气！做不成青铜器，难道连原理都搞不明白了？使使劲，翻了几遍资料，终于从晦涩难懂的专业术语中理出了能给自己讲明白的语言。

现在工业上有个专业的名词叫熔模铸造，其实也就是失蜡法。首先，把你想铸造的东西用易塑形的材料（焚失法用草木等材料，失蜡法用蜡）做一个形状一模一样的出来，这个叫“模”。

然后，用陶泥等耐热材料把这个做好的“模”严实地包起来，除了留几个便于流动的孔洞，不要有一丝空隙，然后加热使泥巴干燥硬化。接着，进一步加热，使草木烧成灰或者使蜡熔化掉，从留好的孔洞里倒出来，这样这一团泥巴中间就留出了一个和蜡模形状大小完全一致的空腔，而这个空心泥壳叫“范”。最后，把金属熔化了注入这个范，凝固之后把范敲掉，得到的金属铸件就和蜡模一模一样。这就是最简单的失蜡法，每做一个铸件都要用掉一个“模”、一个“范”。

中国已知最早的失蜡铸件是河南淅川出土的春秋时期云纹铜禁。战国以后，失蜡法的应用范围逐渐扩大，除鼎、彝外，还用于铸造印玺、乐钟、佛像和少数民族地区的贮贝器、饰件等。

那些制作青铜器的匠人呐，也各个是模范！

TIPS

陈巧生制造的铜炉叫**巧生炉**，在相城元和还有一座巧生炉博物馆，馆内复原商周、汉、唐、明清等典型时期的铜炉陈设，最醒目的是门口的博山炉。香学成形于汉代，汉代博山炉是中国香炉鼻祖。其真品藏于河北博物馆，陈巧生制造的这顶博山炉高1米，重500斤，由12炼的精铜所铸，体型是原物的10倍。

徐红军，相城区非物质文化遗产青铜失蜡铸造工艺传承人，工作室位于渭塘镇。徐氏铜艺最早可以上溯到明代吴县的铸铜名家徐守素。徐红军经过多年学习、摸索，把“失蜡法”熟记于心，制作出的铜炉精美古朴，能与“宣德炉”媲美。

王正介是相城区黄桥镇人，苏州仿古青铜器传人，同时也是一家精密铸造公司的老总。在他的厂房四楼，有一家博物馆，里面全是他们制造的青铜制品，有仿制西周、秦、汉时期的青铜器，同时也展出现代青铜器，共计千余种。完成一件仿古青铜器，工艺很复杂，前后有十多道工序，因为手工操作，难免有失误，所以报废重做也是常有的事。

每一块石头都是无价之宝

TIPS

大石金生艺术馆是一家免费开放的公益性展馆，在相城区元和文化创意产业园三楼，主要展出雅石、根雕、红木小品等艺术品。馆主李金生是赏石大家，30 多年搜集的 1200 方赏石都在馆内收藏。这里还有石友交流区，定期举办石友交流会，如果你喜欢赏石，可以来听听。

地址：轨交 2 号线大湾站 1 号出口，步行 1000 米左右即到。

听说相城元和文化创意园有个“小石库”，以肃穆的气质取胜。作为一个石头爱好者，我一骑绝尘开过去，立马被它与世隔绝的穿越感镇住，再加上这奇石王国里还配了丝丝古典乐，俩字儿：石化！四个字儿：当场石化！

艺术馆面积不算太大，但林林总总的石头却是令人目不暇接。一看便知，馆主是花了不少心思把这里撑得满满当当却又不失格调。松花石、灵璧石、太湖石、昆石……就是大黑牛李晨到了现场，也不敢再称“石头男”。

这里的石头不光展示，同时也出售。价格嘛，老扎心了。想想那些石头够养我三生三世，我一双牛眼就瞪得溜圆，生怕错过了豪宅、跑车似的。

在一块标注着“读破万卷，神交故人”的石头面前，讲解人员说，这块石头原本所显现的人物比例非常不协调，后来馆主李金生淘来之后，给它设计了红木底座。嘿！这就完全像腔了，足向前迈，袖管飘逸，手拿书本，似乎边走边思。好作品还需一个能完美诠释其含义的好名字。“神交故人”这四个字，说出了赏石人玩石头的本质：我和石头相通，我读懂了它。据说曾有人300万想买走，馆主就是傲娇，不卖！

好吧，再看一眼，假装这是我的跑车。

如果以为这是最贵的石头，那就太幼稚了。

艺术馆门口还有一块2米多高，名叫“喜来登”的石头，初看看不出端倪，细细一看，颇像一只喜鹊登在岩壁上。据说这是馆主10年前从安徽运来的，光想着给它配个底座就想了10年！最终雕琢了半年！所谓好马配好鞍，好石配好托。一方好石头经过大自然的鬼斧神工后并不需要过多人工雕琢，只要读懂它，给它一个底座，就能点石成金。

这块石头的价格，我就不问了，金钱无法衡量无价之宝。

很多人会纳闷石头有什么好玩的，其实，观赏石是中国的传统文化，也是一门艺术，比如举世闻名的苏州园林，奇石便是不可或缺的元素。就像李金生所表达的，赏石人玩的是天、地、人的合而为一，玩的是人与自然的共生。

你若有意，一分钱也别带，就到这里来看看，看看岁月中的痕迹。

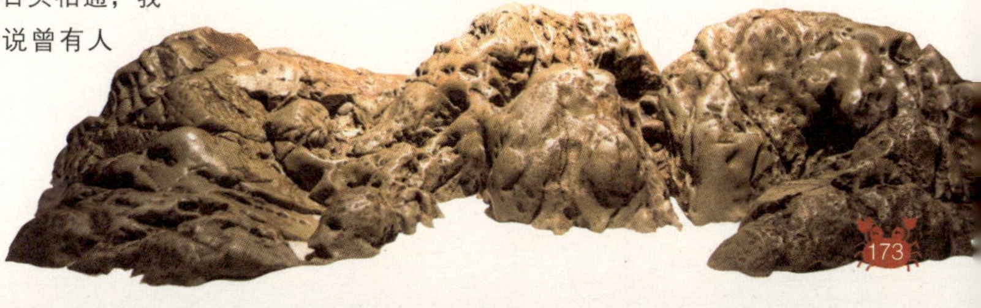

每个面团都有成为艺术品的潜质

把喜欢的景物写下来，是作家；画出来，是画家；做出来，吃下去，是美食家；找团面，捏出来，是面塑手艺人，不叫家，人家叫大师。

一小块不起眼的面团经灵巧的双手一揉、一搓、一压，再用小塑刀简单点、切、划几下，一个栩栩如生的艺术形象立马活灵活现。这便是中国民间文化中一项古老的技艺——面塑。

如果说原料以泥巴为主的泥盆是民间工艺里最接地气的，那原料以面为主的面塑就是最有胃口的非遗项目。因为它生的时候是艺术品，蒸熟了就是食品，小猫小狗样子的面塑统统可以下口。当然，不是每个面塑作品都能吃。一些面塑材料经过特殊处理，可以保存几十年也不会变形、变色。2015 年，当时相城区仍健在的 8 位抗战老兵收到一份珍贵的礼物——根据他们的容貌量身打造的 3D 人像面塑。

所以你看，每团面都有成为艺术品的潜质，没有高低之分，遇到吃货会变成面食，遇到大师姚长英就会变成面塑。

姚长英从事面塑艺术创作 20 多年，是面塑技艺非物质文化遗产传承人。任何一团面在她的手下，都有化腐朽为神奇的力量。经过一揉、二捏、三琢、四镶，前一秒是面，后一秒可能就是吕洞宾、孙悟空、喜羊羊……活脱脱的面粉七十二变。

旧社会的捏面人“只为谋生故，含泪走四方”，挑担提盒，走乡串镇。现如今，成为非遗项目后的面塑技艺终于登上了大雅之堂。姚长英经常要去各地展示手艺，或开班授课。不过她不是一个人在战斗，她的身边始终有一位战友——丈夫李顺才。两人从小都喜欢美术，毕业于苏州工艺美校的李顺才，专业学习雕塑。从江苏省新闻出版学校走出的姚长英，则从事艺术装裱。是艺术把他们两个用力地捆绑在了一起，像两团面一样紧密结合。

对了，夫妻俩还是烹饪界的大拿，开过食艺学校。如果你心灵手巧，可以跟他们学面塑；如果你脑袋大脖子粗，可以跟着他们当伙夫。

TIPS

相比其他地方的面塑，**相城面塑**糅合了苏州玉雕、砖雕、核雕等三维艺术的精髓，自成体系，制作的形象多取材于神话传说，民间故事及历史典故。在做法上揉力均匀，压面准确，搓面巧妙，粘贴均合，捻抹细致，着色富丽又不失典雅，通俗而不媚俗，成品不裂，不霉，不离，不掉色，可长期保存。所以既有审美价值，又有收藏价值。相城非遗馆有面塑作品展示，看中的也可以购买。

中国烹饪大师李顺才和妻子姚长英在相城中等专业学校开设有面塑艺术的教学。两人创作的面塑作品已达上千件。

柒

方物

她是一幅画的卷轴，
是一首诗的韵脚，
是一曲歌的旋律，
日子是一串琳琅满目的项链，
沿着曲径通幽的河道向前，
好像钻入了没有尽头的时间深处，
沿途的风景渐渐老去。

每一颗珍珠都是西施的眼泪

这个故事不真，但很美。

苏州的很多故事都跟西施有关，这个饱含泪水。场景分为吴越两地。

话说嫦娥的广寒宫里有一颗熠熠生辉的宝珠，她用作宫灯，贪玩的玉兔却当它是一件玩物，趁主人不在就取下抛来抛去，开心把玩。一次玩得兴起，用力过猛，宝珠一下弹出月宫。这玩意儿飘啊飘，一路飘到诸暨的浣沙溪边。刚巧有一妇人正在溪边洗衣，并吟唱小曲。这珠子不偏不倚径直落入她的口中。妇人回到家中就怀了身孕，16 个月后生下一女，取名西施。这是“明珠射体孕西施”的传说。

再接下来，倾国倾城的西施因为众所周知的原因来到苏州。她带着兴越灭吴的重大历史使命，把吴王夫差迷弄得神魂颠倒，但灵岩山上的美景、馆娃宫里的奢华，却是怎么也无法排遣思乡思母之情。夜深人静之时，只能以泪洗面，她的泪珠，辉映着月亮的光华，随风飘洒。最后，叮叮咚咚落入了一个叫玉盘的地方，就是今天的苏州渭塘。

此后，渭塘这片河湖密布的水乡就盛产一种河蚌，剖开来，它的里面长着晶莹剔透的珍珠。因为是西施的眼泪，这里的珍珠色泽温润细腻，形态优美，表面有隐约的晕彩珠光，散发出变幻多姿的神秘韵味。也因了西施的凄美传说，赋予了这里珍珠柔媚温婉的内涵。

传说不可信，但中国历史上淡水珍珠的盛产地有两个，一个是西施的家乡诸暨，一个是苏州渭塘，这是不争的事实。渭塘养殖、加工珍珠已经有很久远的年头。现在已经成为很大的一个产业，除了各种珠宝首饰，还有养颜美容的珍珠粉、珍珠霜，还有每年的江南采珠游活动。

自古以来，珍珠作为一种有生命的珠宝，基本是女性专属的饰品。它的优雅含蓄，更加契合东方女性的气质，它

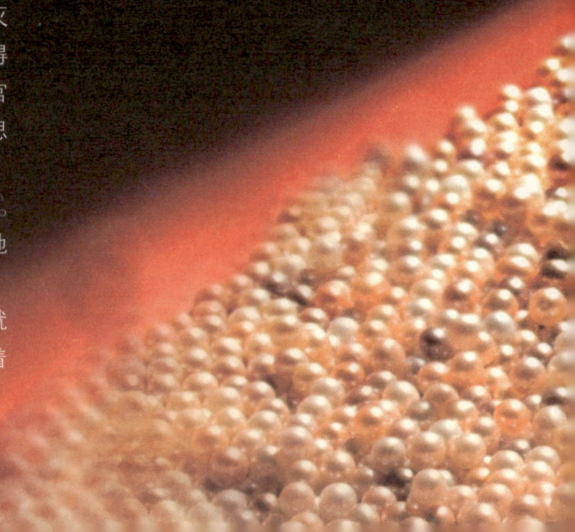

的阴柔婉约，别具一种江南水乡的情韵。据说因为这里常年养殖珍珠，女子也格外水灵俊秀，面容姣好，肌肤光润。如果你去渭塘，不妨顺便养养眼，这也算是额外的福利吧。

TIPS

相城区渭塘镇地处苏州北郊，苏州高铁北站就位于这个镇的南面，交通便捷。中国珍珠宝石城和苏州珠宝国际交易中心在该镇珍珠湖边，里面有来自全球各地的各类珍珠饰品，以及其他宝石首饰。特别推荐本地珍珠产品，作为礼品，性价比很高，富有江南特色，北方的朋友尤其钟爱。

不能亲自来渭塘也可以网购，**渭塘珍珠**电商产业园入驻有渭塘珍珠旗舰店、江南名珠等知名电商企业，还有近百家珠宝网店。

原来你是这样的蠡口！

"买家具，到蠡口。"

早在我出生前，这句广告词就传遍了大江南北。估摸着不少人也认不得这"蠡"字，但就是能顺溜地一传十、十传百。

传着传着，中国家具界就四分天下了：北香河、南顺德、西成都、东蠡口。

若是范蠡知道，这座因他命名的镇子，最终没能靠他亲力亲为总结出的《养鱼经》养鱼致富，却因凭空崛起的一个家具城而声名远扬，不知道这位谋划出"七计灭吴国"的范大夫会怎么想。

管他怎么想的，反正从"蠡口"到"江苏蠡口"，再到加上"中国""国际"，蠡口家具城的名号是越来越大。一面大旗一插，这座"城"就成了长江三角洲各大"金窝""银窝""狗窝"添砖加瓦的首选。换句话说，在江南一带，"买家具，到蠡口"已然成了常识般的存在。

于是前阵子，刚交了首付和刚拿了驾照的我，顺理成章地决定独自先去探探路，结果凭借蹩脚的车技和路痴的天性，成功绕晕在这家具城中。

这还真怪不得我。从整条相城大道绵延到东环高架，41 家大型商城，加上 600 多家散户，里面还夹杂着幼儿园、小学、中学、农贸市场、商业广场、派出所、消防大队、市民服务中心和各类小区，这不就是浩浩荡荡的一座城嘛！

可是问题也就来了。对于只知道"要买实木"的家具小白来说，这一头扎进"家具无底洞"，里面五花八门的木头，就算给我三天时间慢慢逛，也是一无所获。好在阿蠡有张地图册，上面大大小小的豆腐块标明了各大商家所在，不管是中高端的商场还是性价比高的批发市场，都能找到。

对于十级纠结加严重选择困难的人来说，阿蠡依旧很友好。每年六月都会办个苏州家具展，近年来最 in（时尚、流行）、最实在的款总能挑到几款，照着买就是了。再不行，还有个十月的家具采购节，人家都把各大商家的畅销款和地价款标出来了，称得上绝对的业界良心了！

不过话说回来，小时候对蠡口家具城还颇有误会。那时候跟着老爹来过几次，各大商场蹲点的黄牛比周杰伦演唱会门口的还多得多，那场面"吓撒特宁"（苏州话，表示吓死人）。这次来倒是连个黄牛的影都没找着，守着接单给人送货的司机师傅倒是有，只不过都整齐划一穿着蓝马甲，上前一问，原来阿蠡连送货司机都统一管理了，苏州市区范围内全部统一免费配送。这一算，几百大洋又省下来了，简直感激涕零！

TIPS

蠡口家具城的几十栋家具馆各有特色，比如苏州家具博览中心、金利源家具博览中心等是相对高端的商场，金米兰则是较实惠的批发市场，大部分散落在相城大道、家具大道、齐门外北大街等，可根据需求选择。

地址：轨交 2 号线蠡口站 2b 出口。

等 花 开

想和你一起吃很多顿饭，坐得很近很近。听刀叉碰撞，听面包屑掉在地上，听花开，听你的腹语说爱我。

碎屑都要舔，这饼是有多好吃

小时候过年走亲戚备年礼的时候，家里一定会准备麻饼，松仁枣泥馅儿的。这饼香香脆脆的，每每大人买回一大袋，我们几个小的总是偷偷扣下一两包，藏起来慢慢磨牙。记忆中的松仁枣泥麻饼齁甜齁甜，吃前热一下，内馅儿的枣泥、猪油、松仁尤其好吃。特别是那个猪油，将化未化，咬破外层之后里头的油会渗出来，很像现在的爆爆珠。猪油本身就微微带点咸鲜的滋味，再沾上枣泥、砂糖的甜，一口下去，嘎嘣脆。吃的时候一只小手还要撮起来放在下巴底下，防止碎屑掉在桌上，还得伸舌头去舔。

现在的枣泥麻饼已经不像以前那么齁甜了，散发着淡淡的清甜味儿。近几年来吃食上讲究少油、少盐、少糖，想来这枣泥麻饼也是与时俱进，调整过口味了。老一代人喜欢吃的椒盐味麻饼，就是新中国成立后才创新出来的。

个人喜欢的是相城区阳澄湖镇的老大房松仁枣泥麻饼，味道不那么甜。曾经有幸去他们家的制作工厂转过一圈，看见一个“炒泥间”大为稀奇。这泥也能炒的呀？！吃土的节奏？！后来脑子突然一转，炒泥炒泥，炒的是枣泥啊。

可别小看这小小的一块饼，其用料是极其精细的。什么枣儿啊、松仁儿啊、糖啊，几乎样样都讲究。枣要用山东的黑枣，倘若用了红枣，炒出来的枣泥颜色就不好看，味道也腻人。松仁儿必得是去衣去干净的，一点儿碎屑都不能沾，否则影响口感。

最要紧的就是这糖，颗粒要极细，非广西上等白砂糖不可。还非得用传统的那些老物事去烘烤，这样白砂糖和在枣泥里才化得均匀。万一用了烤箱或是用了粗糖，这饼表皮吃上去就发死，内馅儿口感也粗粝。

怪道有人说苏州人矫情呢，一块儿松仁枣泥麻饼就闹这么多幺蛾子。山东的枣，广西的糖，恨不得把全中国的物产都包进这小小一块饼里。可要我说，咱们又没学薛宝钗的冷香丸，非要雨水之水、白露之露，咱只是对用料稍稍考究了一些，而这些恰恰是成就一样名吃的基础和关键。

TIPS

百年前，湘城镇上开出一家“老大房茶食店”，产品包括绿豆糕、云片糕、杏仁酥等，其中以**麻饼**最畅销。麻饼的原料本无秘密，老大房能创出牌子，还在于质量。黑枣、赤豆、芝麻和大松子，及上等猪油、白砂糖，稍次不用。2011 年被列入非遗名录，现在的传承人是当年创始人的嫡孙。

地址：相城区阳澄湖镇湘元路 7 号。

鹅的第 99 种做法：爊（āo）

“爊”这个字呢，不太常见，没点文化轻易写不出来，更不知道是什么意思。曾经有人跟我说“爊”就是香料多的意思，这个说法显然很扯淡。“爊”其实是个通假字，通“熬”，一只爊鹅要经过长时间的熬煮，才能有这样的味道。不过这个“爊”是把香料、佐料的味道熬进鹅肉里。

爊鹅通常会用老汤，把鹅扔下去之前都会撇去上头的浮油，再加一轮新的香料、中药。一个锅里一次性可以下大概 15 只鹅，大火烧开，小火慢慢地熬。熬它个七八十分钟！时间长了，肉太软烂，没吃头，爊鹅一旦放凉，就是要吃鹅肉的硬香。

做爊鹅，每家都有不同的香料配方，所以每家做出来的香味也有轻微差别。讲究一点的，对锅、锅盖、柴都有要求。必定要用老铁锅，木锅盖，再用硬柴烧火，这样铁锈味儿、木香味儿和烟火气都能“爊”进鹅肉里。这和外国朋友们酿葡萄酒是一个道理，什么橡木味儿，果香味儿，这么一想，咱这爊鹅还挺洋气。

爊鹅味道真心是不错的，印象中做得最好的爊鹅是在湘城一条小巷子里，在一个农贸市场。这家爊鹅店开了有 32 年之久，远近闻名，上海等地的人都慕名而来。

曾经走过这家爊鹅店门口，看见那个门头实在幻灭得不行，头发甩甩，大步走开。没走出两步，愣是被那股带着香料味的浓郁肉香勾了回去。站在门口用力吸了两下，又看了看这个门头，犹豫再三，还是很没出息地走了进去。

TIPS

关于**爊鹅**，《阳澄湖镇志》上的官方说法是，早前有一位姓都的老板，运用传统的爊制野味的配方烹饪放养的家鹅，制成了皮色红里透黄、油光铮亮、肉质香嫩、味道鲜美的湘城爊鹅。阳澄湖镇有几家店不错，“祝家爊鹅”的加工场在湘园路东头一条小巷子里，路上问问“祝家爊鹅”，大家都会给指路的。它在虹桥路的农贸市场里有门店，常年营业。

一粒西瓜子的前世今生

一粒生瓜子要走过多少路，才能成为一粒合格的西瓜子？答案在黄埭的风中飘扬。

首先，这粒生瓜子一定要产于新疆塔城地区，在那个遥远的中哈边界，有全中国最优质的西瓜子，它们经过漫长的日照，获得了生长所需的各项营养，长得比其他地区的瓜子个头更大，更肥硕。

同时，4500 多公里之外，一群挑剔的苏州阿姨正等着对它们进行肉眼扫描，凭借丰富的经验，阿姨们要挑出无白片、无翘瓣、无嫩粒的瓜子，输送到下一个制作流程。

瓜子的选料是这样的：包下这片地，不管今年是大年还是小年，地里产出的所有瓜子厂家都要为它买单。良心厂家经过严格筛选，只有 30% 的瓜子能进入黄埭人的法眼，其余 70% 又丑又小的都要低价处理。

大小匀称，内心饱满，外表光亮，历经九九八十一关才能贴上黄埭西瓜子的标签。

那些看起来一模一样的西瓜子，在火眼金睛的女工眼里，每个都不一样。旺季时，天福厂 100 多个女工要从早到晚挑不停，挑到看手机，屏幕上都是瓜子。为什么不能用机器呢？掌柜摆摆手，不行，有些瓜子极具欺骗性，比如死瓜子，吃口苦，但外表很难辨别，它不瘪不干，分量也不轻，只是光泽度比好瓜子差一点。可你说光泽要达到一个什么样的度才算合格，这个标准只有女工看得出，如果这么要求机器，机器会死给你看的。

从小吃黄埭西瓜子长大的老饕，有自己的一套辨别法宝。首先，瓜子壳吐出来，绝大部分是黑面着地、白面朝天的；其次，瓜子放在桌上，一吹会转；最后，吃过瓜子手指不黑，就基本可以判断是正宗黄埭香水西瓜子。

在吃货看不见的地方，西瓜子和它的主人们，一直很拼。

TIPS

黄埭西瓜子不是一个商业品牌，而是一个地产风物的总称，就像洞庭碧螺春、西湖龙井一样。具体到商品，推荐天福、天益、三笑等老字号。黄埭西瓜子面世于清朝同治年间，至今已有 140 多年历史，1929 年曾获杭州西湖国际博览会优胜奖。选料上极为讲究，无白片，无翘瓣，无嫩粒，且粒粒都是人工手选。吃后手不脏，口不干。这东西地域性极强，出了相城或者苏州，很难在实体店买到。当然，网上就不设限了。

一起逛逛逛　一起买买买

电商如此发达的今天，去实体商场购物，更多的是求一种体验，体验和朋友小聚，体验和宝贝玩耍，体验和恋人牵手，体验线上无法满足的各种感受。可能你并不热衷买买买，但是有了这些附加的情感体验，一样可以在综合商业体哈哈哈。

繁花中心

地址：人民路 4555 号，轨交 4 号线孙武纪念园站 2a 出口。

商场 + 写字楼 + 酒店式公寓的模式，主体建筑 5 栋，自建成以来就被媒体戏称为“五个啤酒桶”。有金逸影城、KTV、超市，应该算相城人气最高的商场之一了。地下车库有点绕，一定要牢记停车位置，否则等着车库半日游吧。

高铁新城圆融广场

地址：南天路 111 号，轨交 2 号线高铁苏州北站。

综合性大商场，负二楼是停车场，负一楼是超市，一楼是时尚潮流专卖店，有很多运动品牌，二楼主营儿童用品，三楼是娱乐项目，四楼是餐饮，还有影城。整体装修是不错的，敞亮，没有压迫感。

华宇星云汇广场

地址：阳澄湖中路 99 号，白金汉爵酒店西侧。

这两年新开的广场，建设布局小有风情，日料、咖啡、泰国菜、儿童体验中心什么都有，品种很多很全，广场配备停车场，地上的位置比较少，地下停车场的车位还是很多的，关键是免费。

中惠美京假日广场

地址：嘉元路与相城大道交叉口东 120 米。

整体设计比较方正。负一层是美食广场，地上共有 6 层，涵盖了家居百货、服饰箱包、亲子休闲、游戏娱乐、餐饮美食、健身 K 歌等商业门类，还有室内滑雪场哦！停车免费。

天虹商城

地址：相城大道与纪元路交汇处，轨交 2 号线阳澄湖中路站。

融合精品公寓、高端办公、时尚 shopping mall（购物中心）于一体，商场将影视主题融入商业设计，打造了天虹品牌的“YES! 街”“Kids Republic”等主题街区。

月星环球港

地址：相城大道 1609 号 轨交 2 号线徐图港站。

新古典主义英伦风的建筑让人在逛街时仿佛置身欧洲，随手一拍就是大片。占地面积 160000 平方米，集星级酒店、公寓、写字楼、商业于一体。不管你是文艺青年、购物达人还是时尚的弄潮儿，在这里都可以找到自己的一方天地。

看不见你的笑我怎么睡得着！相城，晚安！

不愁吃、不愁穿的富足生活，让现代人落下了一大堆“金贵病”：硬的床睡不了，太软的枕头会落枕，想体验把贵族待遇又囊中羞涩……所以出门在外，“睡酒店”也不是那么好睡的，尤其在相城这个地儿，养眼的、新奇的、特色的酒店数不胜数，那些冲出重围、呈于纸上的必然有其讨人喜欢的“必杀技”。

苏州中惠铂尔曼酒店

一键清空身体缓存

酒店一共有413间客房，房间里有电控调光玻璃，科技感满满。洗浴间干湿分离，可淋浴可泡澡，对于出差的客人来说，回到房间就能一键清空缓存。最让人心动的是，房间里所有的洗浴用品都是美国药妆品牌C.O. Bigelow。没办法，女生对于有香味的东西就是无法抗拒，毕竟香香软软睡个美容觉，比什么护肤品都管用！

地址：相城区嘉元路188号。

电话：0512-66998888

苏州阳澄喜柯大酒店

把孩子的游乐园装进了房间里

因为靠近阳澄湖，湖鲜非常新鲜，加上酒店的厨师团队由苏帮菜非物质文化遗产第四代传承人带领，所以光是过来吃个饭也是值得的。如果带了宝宝，就住亲子房吧，让平时把家弄得一团糟的“混世小魔王”尽情撒欢！房间里的洗漱用品、浴袍甚至马桶都有儿童专属款。大厅的儿童乐园也是孩子的地盘。

地址：相城区阳澄湖旅游度假区湖港路1号。

电话：0512-66739888

苏州悦季蝶来精品度假酒店

枕着盛泽湖水入眠

酒店一共拥有27间客房，走中式典雅风和日式庭院风，大门口是一块玲珑的太湖石。每间客房都特别设计了私汤泡池，天然湖水就这么幽幽地淌进每个房间，盛泽湖水可是经过过滤和沉淀便可以直接饮用的Ⅱ类水质。站在半开放式的阳台上，还能清晰地看到湖中心的小岛以及跨湖大桥的倒影。

地址：相城区盛泽荡路8号。

电话：0512-66839888

苏州高铁金科大酒店

高铁北站出站步行5分钟，入住完成！

这是离高铁北站最近的酒店，近到一出站就能沿着指示牌直达。酒店一共有303间客房，从房间窗户往外瞧还能看见环秀湖的景色。科技感酒店的一大特色，进房间选择“欢迎模式”，灯、空调、空气净化器就会自动调整到最适宜的模式，卫生间的透明玻璃也可以在瞬间变成磨砂玻璃。大厅的机器人还能送外卖到房间，萌！

地址：相城区南天成路67号。

电话：0512-69378888

不如挑个吉日来相城

圣堂庙会（农历三月）

圣堂庙会是历史上流传于阳澄湖地区的民俗文化活动，史称“春会”，是省级非遗项目。每年农历三月二十六至二十八，各地民众都要组成队伍，在吹打乐和弦乐声中边走边演，经过之处都要放鞭炮、燃香烛，迎接各路神仙。队伍绕阳澄湖镇区走演一圈后，进入圣堂庙仁圣宝殿庆贺东岳大帝生日。

郁金香观赏节（4月）

温暖的春天，苏州中国花卉植物园内各处的花树、花卉竞相绽放，园内的10余万株郁金香也将盛情笑迎游人。

望亭丰收节（9月）

望亭丰收节自2018年起举办，活动包含稻香市集、手作体验、趣味运动会、戏剧表演等内容，另外还有诱人的美食市集。游客可以在秋风习习的季节里感受江南农耕文化的魅力。

阳澄湖油菜花季（3月—4月）

每到春天，连片的油菜花将阳澄湖度假区装扮成一个花的海洋。游客不仅可以欣赏到千亩花田的壮美，还可以骑车穿梭于田间，放风筝，吃农家菜花塘鳢鱼、菜花甲鱼。

江南采莲节（5月—10月）

农历六月二十四日是苏州传统的“荷花生日”，这时便是江南采莲节的高潮。荷塘月色湿地公园每年都会举办赏荷采莲民俗游园活动，千亩荷塘再现旧时观荷胜景，传承苏州观荷民俗，是游人体验民俗的赏荷嘉年华。

太平书镇文化艺术节（9–10月）

太平书镇文化艺术节侧重文化体验，期间会举行中国围棋元老邀请赛，摄影图片展、读书会、群文汇演、非遗创意文化艺术品展览展示等活动。看书、逛展、下围棋，又是一处秋日里的消遣好去处！围棋爱好者可以前来过把瘾！

莲花岛彩稻艺术节（7月—10月）

为了让游客既享受乐趣，又能深度体验农业知识，阳澄湖彩稻艺术节将旅游观光与稻作文化、文化创意等结合起来。推出的农事学堂活动，以农村、田地作为课堂，让游客参与农耕体验，具体包括农事课堂、农事体验、亲子活动等。

苏州相城阳澄湖旅游节（9—11月）

每年9月中旬，阳澄湖生态休闲旅游度假区都会围绕阳澄湖大闸蟹开捕举办阳澄湖旅游节系列活动。俗话说“秋风起蟹脚痒，菊花开闻蟹来”，每到秋季，一条美人腿、一个莲花岛，让阳澄湖度假区成为广大吃货的天堂。

冯梦龙文化旅游节（9月）

冯梦龙文化旅游节更侧重于文化，游客可以参观冯梦龙纪念馆和故居，听听关于冯梦龙的研究座谈会。村里的果园也是一绝，赶上收获的9月，就别空手走了。

漕湖开发区龙舟赛（9月—10月）

漕湖开发区龙舟赛自2018年起举办。这场“速度与激情”的竞逐还有不少国际友人参与。除了龙舟赛，现场还有文体汇演、水上表演、创意集市等活动。游客可以看到船拳、阳澄渔歌、少儿评弹等演出，不妨前去凑个热闹！

够本地，才知道这些冷知识

◆ 相城有个**高铁北站**，周围是冉冉升起的高铁新城，一幢幢高楼拔地而起，颇有种后现代风格。多啰嗦一句，平常我们坐火车，苏州站指的是苏州火车站，而苏州北站就是相城这个高铁北站。

◆ 有两条**轨交**途经相城：2 号线和 4 号线。这两条轨交都通苏州火车站，2 号线还可直达高铁北站。4 号线的活力岛站和孙武纪念园站都在相城的中心城区，很热闹。7 号线、8 号线建设中。

◆ 相城的交通四通八达，除了有高铁，还有高架快速路。227 省道和苏虞张公路都可以通到常熟；近几年才通的中环更是“嗖”一下，让相城跟其他区的距离更近了。离相城最近的机场是**苏南硕放机场**，走京沪高速，只有三十几公里。苏嘉杭高速公路、苏州绕城高速公路和沪宁高速公路全都经过相城，来相城，从高速苏州出口下，方便。

◆ 马路上一辆辆插在绿色桩上的**绿色自行车**不办卡也可以使用，只要芝麻信用超过 600 分，支付宝扫一扫桩上的二维码就可以，60 分钟内免费。还车也简单，不用扫码，插进去，锁车桩提示还车成功就可以。如今，在相城的任何乡镇都能骑上小绿车，包括阳澄湖生态休闲旅游度假区。

◆ 相城是一座**花城**，一年四季，各种花儿竞相开放，想省力看全的就去中国花卉植物园，想专宠一种的比如油菜花、薰衣草、向日葵，就去“美人腿”、莲花岛和望亭。

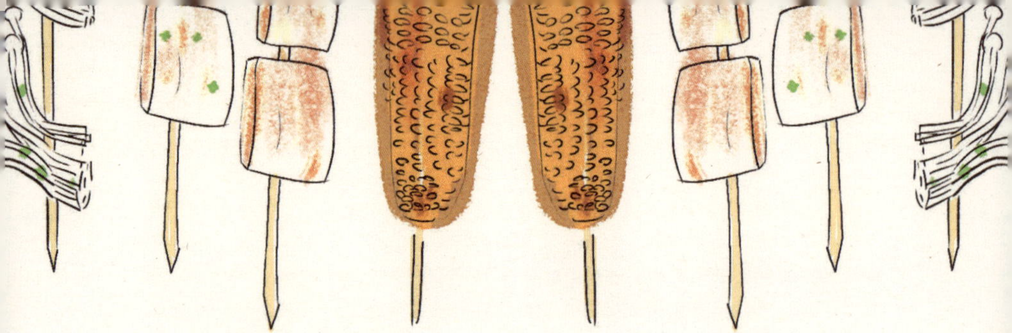

◆ 很多人只知道相城坐拥阳澄湖三分之二的水域，其实相城望亭还依傍太湖，望亭的农产园搞得是风生水起，且和旅游休闲融为一体。

◆ 位于广济北路东、玉成路南、文灵路西、朝阳河北的**苏州市第二工人文化宫**，2016 年年底奠基。建成之后将设置职工服务培训，剧场影院，羽毛球馆、篮球馆、游泳馆等体育运动场所以及教育培训、图书馆等文化场所。

◆ **苏州第二图书馆**位于华元路以北、广济北路以西，可容纳700余万册藏书，将打造成为全国首家大型智能化书库，并成为苏州最大的图书馆和苏州北部地区地标性文化设施。

◆ 对良渚文化感兴趣的话，你可以去望亭镇鹤溪路的**望亭镇地志博物馆**参观下。馆内所展示的五百多件文物，大多出土于望亭镇北面月城遗址，最早可以追溯到五六千年前良渚文化时期。这些馆藏，主要包括新石器时代的石器、春秋战国时期的陶器、青铜器，汉、唐、宋的彩陶、青瓦，明、清的铁器以及清朝皇亭碑等文物。

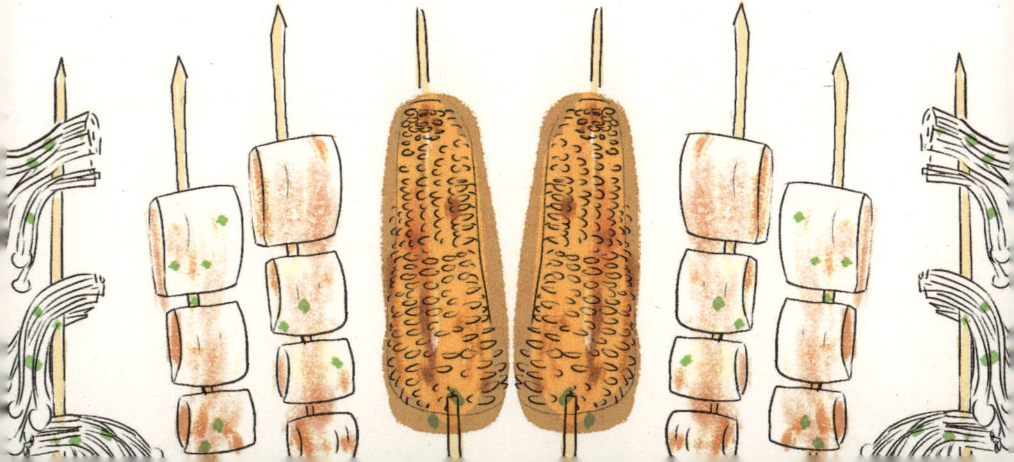

关于时间的约定

后记

这几年，由于工作或家庭的原因，一直穿梭在京沪高铁线路上。出行次数越多，越觉得高铁苏州北站不够用了，原来觉得十分宽敞的站厅已经越来越挤。同时变化的还有这座古典又现代的城市。两年前，我们制作了《邂逅相城》旅游口袋书，与相城的初次邂逅已是惊艳，相处之后越发迷恋。“士别三日，当刮目相待”，两年过去了，相城的变化大得让我们有些吃惊。《相守一城》就是在这样的背景下诞生的，从邂逅到相知再到相守，我们与相城的故事仍在书写。

《相守一城》的改版是从刚刚开放半年的冯梦龙书院开始的。书院出来没多远，一大片荷塘。八月的天，像是女朋友的脸，说变就变。刚走到荷塘边上，雨落下来了。几个平日里娇里娇气的姑娘，也不愿将伞拿出来，就听着雨滴落在荷叶上“啪嗒”“啪嗒”的声音，美妙而动人。没有人想着拿手机出来录个小视频发在朋友圈，那一刻，不多看一眼，不多听一会，都觉得是莫大的浪费。**#这里的美色容易让人沉迷#**

好看的风景可不只是建筑、雕塑、自然，还有人。每次做书，最感动的地方也在于此。

比如黄埭镇的小周老师。年纪轻轻就对本地掌故如数家珍。37℃的高温中，带着我们从老街的这头走到那头，一路上为我们普及各种知识点。前期策划的点位采访结束，还要拉着我们去背街小巷里走走，向我们展示那棵上了岁数的古银杏有多美——虽然还没有到树叶变黄的时候。小周老师那种执着的态度让我们感受到了她从心底里生发出的对这片土地的热爱。**# 小周老师，等 11 月份再去你们那里看银杏吧 #**

正是这种热爱与对我们的信任，让我们诚惶诚恐，生怕自己错过这座城市角角落落的美。

负责为这本书统筹的小姑娘是个标准的文艺女青年。案头摆放的几乎全是《苏州方言》之类的大部头书籍，自从知道要给这本书“卖命”后，迅速借阅起相城的相关书籍。一本书结束，整个人憔悴了不少，相城的知识点也涨了很多。负责这本书版式的还是上次那个设计师，这次又让图片统筹把压箱底的照片拿来了。手绘、实拍各种手段通通用上，只要能表现出相城百分之一的美，丝毫没有犹豫。现在的她，画画时胸有成竹，已经能闭上眼睛画相城地图了。**# 姑娘还单身，面容姣好，气质佳 #**

感谢各位大公无私的摄影老师，感谢各位一直在努力码字的写手老师，感谢各局办、镇街道为我们操心协调的老师……谢谢各位，你们的支持，我们都记在小本本上了。

冯梦龙村的粉墙黛瓦之下，成片的马鞭草繁茂地盛开着，像是从千年之前就生长在这里一样自在。

按照规划，高铁苏州北站要扩容改造，更多高科技企业将诞生在这里，一座崭新科技之城正在冉冉升起……

你来，或不来，苏州都在这里。

情调苏州工作室作品

《情调苏州》	（中文版2011版）
《情调苏州》	（英文版2012版）
《情归同里》	（中文版2012版）
《情调苏州》	（中文版2013版）
《苏州情书》	（微电影2013出品）
《缘来常熟》	（中文版2013版）
《情定金鸡湖》	（中文版2014版）
《情定金鸡湖》	（英文版2014版）
《昆山有戏》	（中文版2014版）
《IN SUZHOU》	（英文版2014版）
《时间里》	（微电影2014出品）
《昆山有戏》	（英文版2016版）
《撷秀姑苏》	（中文版2016版）
《印象张家港》	（中文版2016版）
《静秀太仓》	（中文版2016版）
《情约姑苏》	（中文版2017版）
《情定金鸡湖》	（中文版2017版）
《情定金鸡湖》	（英文版2017版）
《悦晋城 约晋城》	（中文版2017版）
《邂逅相城》	（中文版2017版）
《静秀太仓》	（英文版2018版）
《初见晋城》	（形象片2018出品）
《情调苏州》	（中文版2019版）
《心上吴中》	（中文版2019版）
《丝·念吴江》	（中文版2019版）
《情调苏州》	（英文版2019版）
《福，如东海》	（中文版2019版）

总编撰

张俊启

执行编撰

王梦伊　袁　野

版面设计

魏荣荣

插画

某只梅　荣　荣

图片统筹

陈亚云　王　达

摄影

高　明　蒋世颖　徐志强　应志刚　相城区摄影家协会

主创团队

卜　艺　蔡　璐　陈天予　丁　芸　李媛媛　璩介力　施玉谦

孙　淳　孙　洁　陶怡瑾　王　钰　吴婧茸　吴颖娴　吴玉兰

向　煜　于　鹏　余　涛　虞恬静　袁　炜　张　靓　朱梦婷

图书在版编目（CIP）数据

相守一城 / 张俊启主编. — 苏州 ：古吴轩出版社，2019.12

ISBN 978-7-5546-1440-2

Ⅰ. ①相… Ⅱ. ①张… Ⅲ. ①旅游指南－苏州 Ⅳ. ①K928.953.3

中国版本图书馆CIP数据核字(2019)第231535号

责任编辑：孙佳颖

见习编辑：王书青

装帧设计：魏荣荣

责任照排：魏荣荣

责任校对：徐小良

书　　名：相守一城

主　　编：张俊启

出版发行：古吴轩出版社

地址：苏州市十梓街458号　　邮编：215006

电话：0512-65233679　　传真：0512-65220750

出 版 人：钱经纬

印　　刷：苏州市越洋印刷有限公司

开　　本：889 × 1194　1 / 32

印　　张：7

版　　次：2019年12月第1版　第1次印刷

书　　号：ISBN 978-7-5546-1440-2

定　　价：58.00元

如有印装质量问题，请与印刷厂联系。0512－68180628